DYNOL
IAWN

I'r Non 5 oed. Dwyt ti ddim wedi torri.
Mae'r byd yn gallu bod yn lle anghyfforddus…
ond jyst aros… gei di weld… ti fod yma.

DYNOL IAWN

Profiadau unigolion o ADHD ac Awtistiaeth

GOLYGYDD NON PARRY

y**Lolfa**

Diolch i bob un sydd wedi cyfrannu
ac am fod mor ddewr yn byw yn wahanol.

Argraffiad cyntaf: 2024

Dymuna'r cyhoeddwyr gydnabod cymorth ariannol
Cyngor Llyfrau Cymru

Llun y clawr: Rhys Bevan-Jones
Cynllun y clawr: Tanwen Haf

Rhif Llyfr Rhyngwladol: 978 1 80099 556 7

Cyhoeddwyd, rhwymwyd ac argraffwyd yng Nghymru gan
Y Lolfa Cyf., Talybont, Ceredigion SY24 5HE
gwefan www.ylolfa.com
e-bost ylolfa@ylolfa.com
ffôn 01970 832 304

'Achos fel 'ma 'dan ni a fel hyn 'dan ni fod,
Does 'na neb arall fel ni yn bod.'

Bwncath, 'Fel Hyn 'dan ni Fod'

Cynnwys

Rhagair

Ro'n i'n ffodus iawn cwpwl o flynyddoedd 'nôl i gael y cyfle i ysgrifennu'r gyfrol *Paid â Bod Ofn*. Dyma lyfr oedd, yn bennaf, yn dogfennu'r problemau iechyd meddwl dwi wedi eu dioddef dros y blynyddoedd. Wrth edrych ar y gyfrol rŵan dwi'n siŵr y byddai unrhyw arbenigwr awtistiaeth wedi gallu deud wrtha i, 'Non, ti'n awtistig'. Roedd y cyflyrau ro'n i'n eu disgrifio – y gorbryder eithafol, yr iselder, yr anhwylder bwyta, yr OCD (*obsessive compulsive disorder* / anhwylder gorfodaeth obsesiynol), yr anhawster cymdeithasol – i gyd yn symtomau awtistiaeth heb ddiagnosis. Cofnod oes o geisio newid neu drwsio beth ro'n i'n meddwl oedd yn ddiffygiol amdana i.

Mae awtistiaeth ac ADHD yn gyflyrau sydd wedi cael eu camddeall a'u hesgeuluso i raddau brawychus am ddegawdau oherwydd stereoteipiau hen ffasiwn. Dim ond ers y 90au mae awtistiaeth mewn merched yn cael ei gydnabod ac yn cael ystyriaeth ddifrifol. Mae dynion, merched a phobl anneuaidd i gyd yn gallu byw a bod gydag awtistiaeth. Yn yr un modd, mae ADHD (*attention deficit hyperactivity disorder* / anhwylder diffyg canolbwyntio a gorfywiogrwydd) wedi cael ei gamddehongli a'i ddiraddio yn ddifrifol.

Erbyn hyn, mae mwy a mwy o oedolion yn cael diagnosis neu'n amau bod ganddyn nhw ASD (*autism spectrum disorder* / anhwylder y sbectrwm awtistiaeth) neu ADHD a hynny oherwydd y twf mewn ymwybyddiaeth am y cyflyrau. Cymaint yw'r nifer, dwi'n sylwi weithiau ar *eyeroll* enfawr gan bobl gul sy'n credu mai 'trend' neu esgus yw'r holl brofiadau personol sy'n dod i'r amlwg. Y gwirionedd yw mai dim ond rŵan mae'r unigolion sy'n rhannu'r newyddion am eu diagnosis yn cael eu cydnabod, ar ôl degawdau o ddioddef system sydd wedi eu hesgeuluso, eu siomi a gadael iddyn nhw gredu mai nhw oedd wedi torri.

Mae nifer fawr o bobl, fel fi, wedi dysgu dros y blynyddoedd i fasgio neu 'fygydu', i atal, i reoli'n dawel yr anawsterau a'r heriau sy'n ein hwynebu ni bob dydd. Yn aml, mae'r heriau'n anweledig, ac o'r tu allan mae pobl yn gweld 'person normal'. Ond mae'r person hwnnw yn aml yn dioddef yn feddyliol ac yn gorfforol heb gymorth, achos does dim dewis arall. Do'n i ddim hyd yn oed yn gwybod bo fi'n awtistig nes bo fi'n hanner cant oed. Do'n i ddim yn gwybod nac yn credu bo fi'n cael bod yn fi, bod 'fi' yn dod ag anghenion ychwanegol.

Wnes i'r penderfyniad i gael asesiad ASD yn breifat. I lawer o bobl tydi hynna ddim yn opsiwn. Ac mae rhestrau'r NHS yn dorcalonnus o hir. Dywedwyd wrtha i y bydden i'n aros oddeutu chwe blynedd. Mae hyn yn golygu bod nifer frawychus o unigolion yn sâl, ar goll, yn dioddef. I'r rheini ohonoch sy'n amau falle eich bod chi'n niwroamrywiol, ond sydd heb yr adnoddau i gael diagnosis swyddogol, byswn i'n deud… pobl yw pobl… os dach chi'n uniaethu gyda rhai o'r symtomau yna, wel, rhowch ganiatâd i chi'ch hun i ddisgwyl dealltwriaeth a chefnogaeth efo unrhyw anawsterau dach chi'n eu hwynebu o ddydd i ddydd.

Dwi'n ymwybodol bo fi'n paentio darlun eitha tywyll hyd yn hyn, ond dim dyna yw'r bwriad. Wedi'r cyfan, 'dan ni'n disgrifio sbectrwm fan hyn ac mae'r sbectrwm yn lle lliwgar ac yn rhywbeth i'w ddeall ac i'w ddathlu. Ydan, 'dan ni'n wynebu heriau ond dwi'n credu bod ganddon ni bobl sydd ar y sbectrwm lot i'w ddysgu i bawb sydd ddim! Yn aml dwi'n meddwl mai ni sy'n iawn! Mae'r byd YN lle cymhleth, swnllyd gyda delfrydau a rheolau sydd ddim yn neud synnwyr nac yn iach i UNRHYW UN! Weithiau dwi'n teimlo piti dros bobl niwronodweddiadol achos maen nhw'n colli allan ar ffordd o feddwl bur, syml, gwyllt a briliant! Disgwyliadau a dealltwriaeth sydd angen newid, dim ni.

Bwriad y gyfrol yw cynnig mewnwelediad i realiti byw gydag ASD neu ADHD. I wneud y rhai yn ein mysg sy'n niwroamrywiol yn fwy gweladwy ac i helpu eraill i ystyried sut gallan nhw wneud y byd yn lle mwy cyffforddus. I annog pobl i ffeindio allan pwy ydyn nhw a sut maen nhw'n gweithio. Pwrpas y llyfr yw dealltwriaeth.

Trwy gysylltu a rhannu profiadau wrth roi'r gyfrol at ei gilydd gyda'r criw arbennig yma, sydd wedi cyfrannu mor onest a hael, dwi wedi deall a derbyn gymaint mwy amdana i fy hun a dwi'n gobeithio'n fawr 'newch chi hefyd.

Mae'n amhosib disgrifio awtistiaeth neu ADHD i raddau achos 'dan ni i gyd yn eu profi'n wahanol, ond be dwi 'di sylweddoli yw bod PAWB – ASD, ADHD neu beidio – yn gweithio'n wahanol… mae mor syml â hynny, rili.

Mae disgwyliadau cymdeithasol, systemau hynafol a diffyg dealltwriaeth yn gallu torri ysbryd pobl. Mae beth bynnag sy'n ein gwneud ni'n 'wahanol' mooooor werthfawr. 'Sa neb fel ti. Dwi'n berson *atypical*. Diffiniad *atypical* yw 'not conforming to type'. WELL, COUNT ME IN! Mae'n swnio'n LOT o hwyl! Wedi treulio blynyddoedd yn trio bod yn llai 'fi' a bihafio'n nodweddiadol dwi am gambihafio go iawn rŵan… byddwch ofn!!

Non x

Hydref 2024

'You can't change who you are,
and you shouldn't be asked to.'

Jonathan Mooney

Un o blant y blaidd

Be ddoth ohonyn nhw?
Dy frodyr a'th chwiorydd maeth ar hyd y cenedlaethau?
Seilam, berig.
Wyrcws, cyn hynny.
Bywydau ofnadwy i gyd.

Dwi'n eu gweld nhw rŵan,
y plant sgrechlyd nad oedd modd eu dofi,
'mond eu curo, a'u cloi
mewn cwt ar waelod 'rar
a'u llwgu…

… ac mi gafodd amball un
eu llusgo o'u gwlâu ganol nos
a'u tywys i'r goedwig
lle mae'r bwystfilod gwaetha yn byw.

Dwi'n eu gweld, hwythau'r rhieni,
yn cario eu plant am y tro olaf
ac yn arogli eu gwallt wrth eu cludo
dros fynyddoedd a thrwy afonydd
rhag ofn iddyn nhw ffeindio'u ffordd 'nôl.

A dwi'n eu clŵad nhw'n gollwng

eu beichiau ar lawr

a dwi'n clŵad yr udo

wrth iddynt redeg i ffwrdd

– wel roedd 'na gegau bach eraill i'w bwydo, siŵr iawn.

Ac ymhen 'chydig ddyddia,

pan fyddai'r craduriaid

yn crwydro i'r pentra 'gosa,

yn fain ac yn fudr

ac yn chwedl ar blât

… roedd y stori 'wedi eu magu gan fleiddiaid'

yn haws i'w chredu na'r gwirionedd creulon.

Does wybod beth oedd yn digwydd

i'r plant wedi hynny

… dim byd da, beryg iawn.

Does 'na'm bleiddiaid ym Mharc Ffictoria…

ond pan ti'n dynesu ataf

ar flaenau dy draed,

dy lygaid gleision arnaf am ennyd

cyn troi i ffwrdd,

dy gyfrinachau'n saff

yn fforestydd yr enaid,
dwi'n dyst i ryfeddod.

Fy mab hardd,
a dychrynllyd,
a diarth.

Fy mlaidd.

Gruffudd Owen

Mymryn Rhyddid, Cyhoeddiadau Barddas, 2023

'Normal is overrated.'

Lisa Aro, mam Mary
(sydd wedi ei chyffwrdd gan ADHD)

'Ma popeth yn neud sens nawr, on'd yw e, Mali?'

MALI HÂF

Fi ddim cweit yn gwybod sut i ddechre hwn! Wel yn gyntaf, fi yw Mali Hâf o Gaerdydd a dwi'n artist ac yn berfformwraig… neu fel mae Anti Rhiannon yn dweud wrth gyflwyno fi i'w ffrindiau, 'seren bop' LOL!

Ond wna i ddechre trwy ddiolch i Non am ofyn i fi gyfrannu i'r llyfr yma, yn enwedig gan ei bod hi yn ysbrydoliaeth wych. Dwi wedi gweld mor agored ac onest mae hi'n siarad am ei hiechyd meddwl. Erbyn hyn rwy i hefyd wedi trio rhannu stori fy ADHD, ond ddim trwy sgwennu eto. Fel arfer dwi'n gwneud hynny mewn cyfweliad byr, neu trwy greu fideo bach. Mae'r cwestiynau wedi eu gyrru draw mlaen llaw ac mae fy atebion wastad yn rhy hir gan 'mod i'n gallu siarad am y pwnc yma am oesoedd! Felly dwi'n falch o allu trafod yn fwy dwfn fa'ma, a falle yn fwy gonest? Dyna pam ddechreuais i sgwennu caneuon, i gyfleu rhywbeth mwy gonest.

Felly wna i ddechre 'da stori'r diagnosis ADHD (sef

attention deficit hyperactivity disorder), cyfnod rwy'n ei gofio yn glir. Ro'n i'n 16 mlwydd oed ac fe gyrhaeddais gartre o'r ysgol un diwrnod yn llawn anobaith. Dyna pryd daeth ffeindio esboniad yn bwysig iawn.

Chi'n gweld, roedd ysgol i fi ar y cyfan yn lle hapus. O'n i'n mwynhau cwmni ffrindiau (er *defo* yn y crowd anghywir weithiau!) – o ran dod mlaen 'da pawb doedd hwnna ddim yn broblem. Bysen i'n ffeindio rhywun newydd i iste ar ei bwys ac yn dechre siarad. Ond pan ddechreuais yn yr ysgol uwchradd ro'n i yn y setiau top, ond bob blwyddyn roeddwn yn cael fy symud lawr. Felly erbyn Blwyddyn 11 roedd gen i amrywiaeth o ffrindiau o'r setiau ucha i'r rhai isa ac roedden ni i gyd yn falch ac yn amddiffynnol o'n statws yn y setiau isa. Eniwê, yr ochr academaidd ac ymddygiad oedd ble o'n i'n stryglo. Ac ro'n i'n ymwybodol iawn o hynny.

Sa i'n gwybod yn union beth ddigwyddodd yn yr ysgol y diwrnod hwnnw ond o'n i mor, mor *fed up*. Des i adre at fy rhieni a dweud, 'Sa i'n credu galla i gario mlaen yn yr ysgol dim mwy. Dim ond os oes 'na ryw feddyginiaeth hudolus sy'n mynd i helpu fi i gofio, canolbwyntio, gorffen pethe a jyst bod yn fwy normal.'

Ar y pryd doedd dim syniad 'da fi am Ritalin ac yn y blaen. Trodd Mam a Dad at ei gilydd fel 'sen nhw ar fin cyhoeddi rhyw gyfrinach roedden nhw wedi bod yn ei chadw ers blynyddoedd. Ar ôl saib bach, dyma nhw'n dweud, 'Mali, ry'n ni'n meddwl dylet ti gael prawf ADHD.'

Ers dosbarth meithrin a thrwy gydol fy mywyd academaidd roedd pob athro/athrawes wedi sylwi ar rywbeth, a phobl tu fas i addysg hefyd fel doctoriaid... ro'n nhw'n meddwl bod gen i ffurf ysgafn o epilepsi gan fy mod i'n syllu i'r gofod am ysbeidiau hir weithiau. Ar wyliau un tro o'n i'n aros i 'nheulu benderfynu ble i fynd nesa ar ôl diwrnod hir ar y traeth. Dechreuais i zonio mas (achos bo fi'n ffeindio aros yn anodd), a phan ddihunais i roedden nhw i gyd yn eistedd mewn caffi ar draws yr hewl gyda diodydd yn eu dwylo.

Ond, ie, y prif sylw amlwg yn yr ysgol gynradd ym mhob adroddiad ysgol oedd – 'Mae hi mor freuddwydiol, yn methu canolbwyntio' ac o, y geiriau gwaethaf, 'Mae gan Mali lawer o botensial', ac ni allai athrawon byth benderfynu ble a gyda phwy dylwn i eistedd.

Yn ysgol gynradd Treganna o'n nhw mor dda am dynnu sylw at fy niddordeb mewn pynciau creadigol. Felly ro'n i yn llai embarasd am fod yn wahanol i fy ffrindiau. O'n i'n cael cydnabyddiaeth gan fy ffrindiau am fy ngallu mewn celf – sgetsio, darlunio – a fy ochr gerddorol, ac o'n i wastad wedi dweud ers o'n i'n fach, 'Pan dwi'n tyfu lan, dwi moyn bod yn gantores'. Felly do'n i ddim yn meindio bod yr un 'quriky', yr un oedd weithiau braidd yn wirion, ond sa i'n credu o'n i'n meddwl yn ddwfn am y peth eto chwaith. Dwi'n cofio ymarfer gyda'r dosbarth ar gyfer gwasanaeth. Roedd angen swingio o'r dde i'r chwith wrth ganu. Roedd fy mhen yn gwrthod cofio hyn a weithiau byddwn yn dechrau o'r ochr anghywir. Felly roedd rhaid i bawb fynd dros yr un peth eto o'r dechrau – sawl gwaith! Roedd llawer o chwerthin, ond dwi ddim yn cofio teimlo'n euog na theimlo cywilydd, ac mae hynny'n dweud llawer am yr awyrgylch mwy derbyniol a goddefgar sy mewn ysgol gynradd o gymharu â'r ysgol uwchradd a chyfnod yr arddegau.

Doedd cymdeithasu a gwneud ffrindiau ddim yn dod yn naturiol i mi chwaith, achos roedd gwneud lluniau o fy mywyd mewnol a sgetsys o'r plant ar yr iard yn haws ac yn fwy o hwyl i mi, neu chware 'da fy ffrind gore, Gwen, a chreu byd ffantasïol boddhaol.

Ond wedyn, erbyn diwedd Blwyddyn 5, ac yn enwedig Blwyddyn 6, roedd y pynciau oedd ddim yn greadigol yn mynd yn anoddach ac yn bwysicach (Maths, sillafu, gramadeg). Roedd sêt yn cael ei chadw i fi ym mlaen y dosbarth ac roedd y prawf sillafu wedi ei wneud yn haws i fi. Roedd trio aros yn llonydd ar y gadair mor DDIFLAS.

Dwi'n cofio gofyn i fy hunan fod yn gallach – 'plis, Mal!' Roedd fy ffrindiau smart i gyd ar fyrddau eraill, felly doedd neb i esbonio beth oedd yn digwydd i mi, na neb i gopïo eu gwaith! Ro'n i'n teimlo fy mod i'n ymdrechu mor galed, ond ar yr un pryd yn dechre teimlo bod rhaid i mi dderbyn fy mod i'n berson twp. Hefyd, yr hynaf ro'n i'n mynd, y mwyaf roedd mynd â chelf a chrefft adre yn cael ei weld fel peth plentynnaidd (ac roedd plant eraill yn dechre gwneud sylwadau). Yn syml, ro'n i eisiau aros gyda ffyrdd chwareus yr ysgol gynradd – achos dyna oedd yn fwyaf naturiol i fi. OND roedd yr ysgol uwchradd yn agosáu: Ysgol Plasmawr.

Mae bod yn *teenager* pan mae'r hormons yn cicio fewn yn anodd i bawb, dwi'n gwybod yn iawn. Ond credwch fi, mae bod yn *teenager* gydag ADHD â'i broblemau unigryw ei hun! Chware teg i'r athrawon sy'n dysgu yn yr ysgolion uwchradd, yn defe! Mae Mam bob amser wedi dweud fy mod i'n llawer hapusach mewn rwtîn, gydag amserlen o fy mlaen, ond y drafferth ydi mae mor hawdd i fi gael fy nenu at rywbeth mwy diddorol.

Dwi'n cael trafferth creu rwtîn newydd ar gyfer fy hun. Ac yn anlwcus i fi roedd amserlen yr ysgol yn newid bob yn ail wythnos. Hunllef! Fel chi'n gallu dychmygu, o'n i'n anghofio offer a gwaith cartref, yn mynd i'r gwersi anghywir ac yn hwyr yn cyrraedd trwy'r amser. Ac ro'n i hefyd yn gwrthod rhannu dim o hyn gyda fy rhieni. Dechreuais i osgoi'r dosbarth cofrestru a chyrraedd yn ystod yr egwyl er mwyn osgoi cael stŵr wrth y gatiau, ac i fod yn onest o'n i'n eitha trist achos o'n i lico mynd i'r dosbarth cofrestru. (BTW, dwi dal yn cael trafferth mawr bod ar amser er 'mod i'n credu'n gryf yn ei bwysigrwydd.)

Felly gyda phob tymor ro'n i'n mynd lawr un cam

o'r setiau ucha i'r rhai isa. A law yn llaw â hyn roedd fy ymddygiad yn gwaethygu. Beth oedd y pwynt trio? Ro'n i fel petawn i wedi penderfynu rhoi lan ar waith academaidd. Os mai dyma'r ffordd maen nhw'n gweld fi, dyma'r ffordd dwi fod. O'n i'n torri ar draws pobl, ac ar ôl ateb ambell athro 'nôl daeth hyn yn fwy naturiol ac ro'n i'n gweld fy hun fel arwr oedd yn ddigon dewr i sefyll lan drosto fy hun o flaen oedolion. Dechreuais i weld y sticeri cosb fel pethe i'w casglu ac i deimlo'n falch ohonynt!

Roedd y stafell gosb yn gallu bod yn ddiflas, wrth gwrs, ond i ddweud y gwir o'n i'n hoffi rhyddhad y tawelwch a'r gwahanol gymeriadau weithiau – 'cosb buddies'. Doedd galwad 200 (rhif roedd athro'n ei alw i ofyn i athro arall ddod i hebrwng disgybl o'r dosbarth) ddim yn *big deal* bellach. Mae Dad yn cofio un athro yn ffonio ac yn dweud, 'Does dim syniad 'da fi be i neud gyda hi ddim mwy. Hyd yn oed ar ôl cael stŵr mawr dyw hi ddim yn ymddangos yn drist nac yn troi'n grac hyd yn oed. Mae hi'n iste yna, yn edrych yn syth 'nôl aton ni fel petai hi wedi diflasu ar yr holl beth.' Roedd e'n iawn, ro'n i jyst wedi dod i arfer a ddim yn disgwyl i neb fy neall i. I fod yn onest, do'n i ddim WIR yn casáu unrhyw athro nac athrawes. Ro'n i'n hoff iawn o ambell un. Dwi'n lwcus, achos yn naturiol mae'n well 'da fi ddangos cyfeillgarwch at bawb. Gallwn weld bod llawer eisiau'r gorau i mi, ar yr union bryd yr oeddwn i'n torri ar eu traws!

Ro'n i'n dod yn gyfarwydd â gwên fach rhai o'r athrawon, 'O na! Beth nawr!' Ond dwi'n cofio un athrawes yn dweud mewn llais blinedig, ''Na fe, Mali, *I give up!* Wn i ddim beth arall alla i ei wneud 'da ti.' Trist, ond dwi'n cofio meddwl y foment honno, 'Dwi'n addo i chi nad wy'n idiot yn fwriadol.'

Wrth edrych 'nôl dwi'n cadw'r moments hynny'n agos at fy nghalon – pan oedd athrawon yn amyneddgar 'da fi. Er enghraifft, pan ges i lyfr *doodles* i dynnu llunie i fy helpu i ganolbwyntio yn y gwersi. Neu'r athrawes Gelf yn mynd trwy'r bin ac yn estyn llun mas ro'n i wedi ei daflu a dweud ei fod e'n dda (do'n i byth yn credu bod y lluniau werth eu cadw). Neu'r athrawon oedd yn cadw llyfrau sbâr i fi o dan y bwrdd, achos o'n nhw'n gwybod y bydden i wedi anghofio. Yr adran gynorthwyo oedd bloc M – diolch byth am bobl bloc M!

Mae'n bwysig cofio'r pethe yma yn ogystal â'r problemau, yn enwedig pan dwi'n dechrau swydd newydd. (Ie, fel gallwch chi ddychmygu, yn y gorffennol dwi wedi cael sawl rhybudd wrth gyflogwyr!) Mae'n ffordd o gadw fy *self-esteem* ac i atgoffa'n hun bod 'na bobl sydd eisiau deall a helpu yn y byd – maen nhw yna yn rhywle.

Dwi'n cofio siarad gyda Mrs Elin Boyle ar ôl y diagnosis, ffefryn mawr, ond un sydd ddim efo ni bellach, yn drist iawn. Wnaeth hi ymateb gyda gwên fawr a rhoi ei llaw ar dop fy mhen mewn ffordd gariadus a dweud, 'Ma popeth yn neud sens nawr, on'd yw e, Mali?'… Ydi wir!

Oes gen i'r un symtomau nawr? Oes, i raddau, ond byswn i'n dweud fy mod i lot yn llai byrbwyll, *impulsive* a naïf. Mae hyn yn dod yn rhannol yn sgil aeddfedu, wrth gwrs. Ond mae ymarfer meddylgarwch (*mindfulness*) a chymryd meddyginiaeth yn fy helpu i i sylwi cyn ymateb, ac yn cryfhau'r botwm yn fy mhen sy'n dweud 'Stop!' ac yn gofyn 'Oes opsiwn arall?'

Mae 'na ambell stori dwi'n dal i'w chware yn fy mhen – yn aml, er mwyn atgoffa fy hun i fod yn ddiolchgar bod pethe wedi gwella. Er enghraifft, y stori honno wnes i adrodd ar *Heno* am y tro wnes i gerfio fy enw ar biano gwraig un o fy hoff athrawon ysgol, yr athro perfformio cerddoriaeth.

Wrth gwrs, ces i fy nal, gan mai'r enw ar y piano oedd Mali Hâf! Digwyddodd hyn tra 'mod i mewn breuddwyd; doedd dim malais na drwgdeimlad o gwbl yn y weithred – y gwrthwyneb mewn ffordd. Dwi'n synnu weithiau bod fy hunan-barch wedi goroesi'r cyfnod yma. Nawr dwi wedi dysgu i greu *doodles* pan fo rhaid, neu i sylwi ar ysfa o ryw fath a gwneud rhywbeth arall yn lle hynny!

Stori arall embarasing ydi'r un am fy ffrind yn sgwrsio yn neuadd yr ysgol gyda *doughnut* heb ei gyffwrdd yn ei law a finnau'n sefyll tu ôl iddo. Gwnaeth fy mhen ymateb fel Homer Simpson, 'Mmm, *doughnut* neis,' a phlygais i lawr i gymryd hansh mawr heb unrhyw rybudd… *d'oh*! Doniol nawr, ond ddim ar y pryd.

Ond yn fwy difrifol, dwi ddim yn credu bod digon o gydnabyddiaeth i ochr naïf pobl niwroamrywiol, yn enwedig merched. Mae hyn wedi achosi problemau i fi ar hyd y rhan fwyaf o 'mywyd. Mae'n hyfryd bod yn fwy chwareus a chwilfrydig ac aros yn fwy *childlike*, nid yn blentynnaidd ond 'fel plentyn', OND, ac mae 'na ond mawr, gall arwain at ymddiried yn y bobl anghywir, a bod yn agored i gael eich defnyddio a'ch ecsbloetio, e.e. mewn sgams ariannol. Hyd yn oed nawr, dwi'n cael fy nal gan sgamiau, yn rhy rwydd. Mae fy ymennydd yn gweithio yn llythrennol iawn. Os yw rhywun yn dweud eu bod nhw eisiau fy helpu i ac yn swnio'n garedig, dwi rili, rili ddim moyn meddwl eu bod nhw eisiau fy niweidio i a'u bod nhw'n dweud celwydd. Mae hyn yn gofyn am wahanol fath o feddwl.

Ac, oes, yn anffodus mae gen i lawer o straeon am gael fy ngham-drin gan ddynion ifanc – a hynny o oedran ifanc. Mae'r profiadau yma yn dal i effeithio arna i nawr. Ond trwy therapi a dysgu mwy am fy ymennydd dwi'n fwy ymwybodol o'r peryglon ac yn eu synhwyro mlaen llaw yn lot gwell.

Ar ôl dweud hynny, dwi'n dal yn fwy tebygol o gael fy niweidio a fy ngham-drin gan bobl sy heb foesau na thynerwch.

Dwi'n aml yn cael fy nenu gan yr *adrenalin rush*. Felly ro'n i'n barod i ymddwyn fel y ffrind gwirion a sili oedd yn diddanu pawb ac yn agored i bwysau cymdeithasol (*peer pressure*). Nawr mae'r ochr yna, yr angen yna, yn dal yma, ond mae'n edrych yn wahanol – dwi'n cael yr adrenalin o berfformio a chreu celf weledol.

Ydw i'n rhannu'r ffaith bod gen i'r cyflwr yma? Ydw i'n rhannu'r bregusrwydd yma?

Na, dim gyda'r rhan fwyaf o bobl. Fel sy'n amlwg o'r hanesion hyn, mae fy mhrofiadau wedi fy nysgu i i beidio â chymryd yn ganiataol bod pawb yn medru deall ac yn fodlon bod yn amyneddgar ac yn oddefgar. Mae pobl yn gyflym iawn i farnu a dim ond yn credu eu credoau eu hunain, wedi eu seilio ar eu profiadau cyfyng. Dyma'r gwirionedd trist.

Mae'n risg i sôn am ADHD weithiau.

A'r rhan fwyaf o'r amser dyw e ddim yn berthnasol i rannu gormod. Credwch neu beidio, dwi'n ddigon hapus i beidio bod yn destun sgwrs!

Ond mae'n amlwg bod yn well 'da fi rannu, yn well 'da fi fedru bod yn agored ac yn onest – dyna bwrpas y bennod yma.

Mae 'na ffactorau eraill hefyd. Dwi wedi gweithio ar geisio cuddio'r cyflwr, neu fasgio. A dwi'n falch weithiau pan mae pobl yn methu gweld y nodweddion – aha! Dwi wedi eu twyllo nhw! Pan dwi eisiau gwneud argraff dda, neu wedi llwyddo i wneud argraff dda, dwi'n meddwl, 'Paid sbwylio popeth nawr a sôn am dy drafferthion. Byddi di'n difaru pan fydd y person deniadol yma yn troi i ffwrdd a meddwl, na, na, mae hi'n ormod o drafferth.' Ar lefel fwy dwfn dwi ddim eisiau i'r cyflwr fod yn rhan o'm hunaniaeth. Dim ond un rhan ohona i yw'r nodwedd yma. Dwi'n hollol unigryw fel pawb arall. Dyw labeli ond yn ddefnyddiol pan maen nhw'n helpu dealltwriaeth, cyfathrebu a chydymdeimlad. Wedyn dylsen ni fedru eu gollwng a'u hanghofio nhw.

Pan ffeindies i mas amdano fe yn yr ysgol, roedd ymateb athrawon ac oedolion yn wych ac o'n i'n teimlo gwahaniaeth MAWR o ran eu dealltwriaeth nhw. Ond do'n i ddim mor hyderus i rannu gyda fy nghyfoedion. Am resymau da, fel mae'n troi mas. Y tro cynta wnes i rannu'r newyddion 'da ffrind, ei ymateb e oedd nad oedd e'n credu yn y cyflwr, nad oedd yn gyflwr go iawn, ac wrth gwrs, dechreuais i amau y peth fy hun. Beth os oedd y meddyg a'r nyrs a'r llyfrau i gyd yn anghywir? Jyst ffasiwn a ffad falle?

Ro'n i'n fwy tebygol o sôn am ADHD os o'n i'n denu sylwadau slei am fod yn berson rhyfedd neu ecsentric. Roedd e'n handi cael esboniad wrth law. Wnaeth ffrind arall ymateb trwy ddweud, 'Ti'n lwcus – achos ti'n *hot, you can get away with being weird*'.

Dwi jyst yn gobeithio ei bod hi'n dechre dod yn haws

i'r genhedlaeth ifanc fod yn fwy onest achos y wybodaeth yn y cyfryngau cymdeithasol. Ond eto, dwi ddim yn siŵr bod hyn yn wir o gwbl. Mae'r pwysau i ffitio mewn mor fawr ag erioed.

Dwi ddim yn credu bod pobl yn gallu deall y brwydrau a'r ymdrech tan eu bod nhw wedi byw 'da fi, neu nes i fi allu ymddiried go iawn. Yn y gweithle dwi'n medru bod fel person hollol wahanol. Rhaid gwneud ymdrech ymwybodol i roi eich mwgwd gwaith ymlaen. Ond cyn gynted ag y bydda i'n cyrraedd gartre (e.e. gyda fy chwaer neu rywun agos iawn) dwi'n sgwrsio'n ddi-baid i mewn i'w chlust! Yn methu cadw'r sgwrs i un pwnc, yn 'stimio' yn ddi-stop ac yn gofyn gormod o gwestiynau am y rhaglen deledu dwi ddim rili'n ei gwylio.

Dyma'n rhannol yw un o'r rhesymau dwi'n bwriadu aros yn hunangyflogedig. Dwi'n gwybod yn lot gwell nag unrhyw un gyda beth alla i ymdopi a beth fydd yn drafferthus.

Meddyginiaeth a Myfyrio

Mae gan bawb dwi wedi eu cyfarfod sydd wedi rhoi cynnig ar gymryd meddyginiaeth ADHD stori wahanol. Mae rhai pobl yn rili casáu'r feddyginiaeth. Roedd y profiad yn ddigon iddyn nhw ei adael am byth. Mae rhai wedi arbrofi am dipyn o amser, trio gwahanol fathau, ac o'r diwedd wedi dod o hyd i'r un iawn. Eto, mae yna rai sy'n teimlo y gallan nhw ymdopi heb fod angen meddyginiaeth erbyn hyn, er efallai ei fod e'n helpu pan o'n nhw yn yr ysgol.

Yn bersonol, maen nhw wedi bod yn help mawr i fi ac yn parhau i fod yn ddefnyddiol. Weithiau dwi'n casáu'r ffaith fy mod i'n medru dygymod yn well gyda nhw. Dwi ddim isie bod yn ddibynnol arnyn nhw – mae'n deimlad da i gal diwrnod llwyddiannus hebddyn nhw.

Rhaid dweud rhywbeth hollol amlwg: dydyn nhw ddim yn datrys pob problem! Ond hefyd mae bywyd yn aml yn lot haws. Trwy leihau'r sŵn yn fy mhen dwi'n medru canolbwyntio ar be dwi rili moyn gwneud mewn bywyd – recordio, trefnu gigs a dilyn amserlen brysur.

Ddysgais i wersi y ffordd galed yn y brifysgol yn Leeds, e.e. sdim pwynt cymryd moddion os nad ydych yn gofalu am eich iechyd corfforol a meddyliol: yn bwyta'n iach, ymarfer corff a defnyddio'r adnoddau a'r help sy o'ch cwmpas. Ac mae cymryd 'gwyliau meddyginiaeth' yn bwysig i fi hefyd. Mae angen nabod eich meddwl gyda nhw a hebddyn nhw.

Roedd arfer bod cywilydd arna i bo fi dal yn cymryd y feddyginiaeth. Dwi'n nabod cwpwl o bobl sy wedi stopio'u cymryd nhw ar ôl gorffen ym myd addysg. Rhannais i'r teimlad 'ma yn y clinic ADHD yn Leeds ar ôl gorffen coleg. Ond ateb y nyrs oedd: 'I just had a 60-year-old come in the other day who wanted to up their dose. Depending on your life situation you might want to stop them, or if life gets stressful start again. But if they work for you and you live a more fulfilling life and we keep an eye on your blood pressure, weight and health, there's no shame in carrying on. Why stop what works? What business is it to anyone else?' Wnaeth e gymryd sbel i symud o'r clinic yn Leeds i Gaerdydd, ond roedd e werth yr aros. Mae'n lle saff a chroesawgar i ofyn cwestiynau, lle mae pawb yn deall a ddim yn beirniadu.

Soniais i am edrych ar ôl eich hun yn feddyliol ac yn gorfforol – wrth 'yn feddyliol' dwi'n golygu yn ysbrydol hefyd. Ges i fy magu gyda'r gred Fwdïaidd o'm cwmpas (mae fy nhad yn ymarfer). Do'n i ddim yn dangos llawer o ddiddordeb ynddo nes i mi brofi rhai digwyddiadau gwirioneddol anodd yn fy mywyd. Arweiniodd hynny fi at yr angen i wneud mwy o synnwyr o fywyd. I feddwl am bwrpas yr holl ymdrechu a'r dioddefaint.

Mae Dad wedi bod yn Fwdist ers i mi gael fy ngeni: dwi'n meddwl mai dyna un o'r rhesymau wnaeth wneud iddo droi at y ffydd! Dwi bellach yn gweld fy hun fel Bwdist hefyd. Do'n i ddim yn disgwyl hynny, ond mae'r gred wedi chware rhan fawr wrth fy helpu i gydag ADHD ac edrych ar ôl fy meddwl, i fod yn garedig i fi fy hun. Mae'n rhaid cyfadde bod y *meds* yn fy helpu i i fyfyrio ac i ymarfer Ioga. (Ydw i'n torri'r rheolau? Na, paid bod yn wirion!) Ac yn eu tro mae'r rhain yn dod â mwy o ymwybyddiaeth i fy mywyd, yn fy ngalluogi i i stopio, i deimlo, i weld be sy'n achosi'r drafferth yn lot mwy clir. A hefyd gweld bod dirgelwch y bywyd dwi'n rhan ohono, y pictiwr mawr, yn lot mwy diddorol a chymhleth ac mai dim ond rhan gyfyng o'r llwybr yw ADHD.

Bywyd Nawr

Dyma eiriau fy hen athro piano a chanu: 'Mali, you need to stop relying on your talent, and actually pull your socks up.'

Mae miwisg, celf a chreadigrwydd yn hynod o bwysig i mi, a wastad wedi bod. Dwi'n ffeindio fy hun yn trio profi fy hun o hyd, yn profi geiriau'r athrawon a fy nghyfoedion dros y blynyddoedd yn anghywir. Mae'n anodd peidio â bod yn grac gyda'r ymennydd yma am fod naill ai'n rhy gyflym neu'n rhy araf, a weithiau y ddau ar yr un pryd.

Dwi'n medru dechre sgwennu sawl cân yr un pryd, fel rhan o brosiect newydd sbon addawol, a wedyn symud mlaen i'r peth nesa mwy cyffrous a gadael popeth ar ei hanner! Dwi ddim yn siŵr be dwi'n trio'i ddweud fan hyn… *I guess*, mae 'na ddigon o dystiolaeth 'da fi i ddangos bod fy ymennydd yn rhwystr neilltuol i lwyddiant. Ond y cwestiwn mawr ydi, sut 'dan ni rili yn mesur llwyddiant? Os bysen i'n gallu dangos fy mywyd nawr i'r Mali fach yn Ysgol Treganna – y canu, y perfformio, y ffrindiau, yr hyder, y gonestrwydd, yr anawsterau dwi wedi byw trwyddyn nhw – dwi'n credu y bydde hi yn prowd iawn. Dyna be sy'n helpu rili – meddyliau fel rhain.

'Autism is not a tragedy;
it's a unique and beautiful way of being.
It's a reminder that our world is more vibrant
when we embrace neurodiversity.'

Danica Bramwell

'Rhywbeth o'i le' ar Joel

ELIN LLWYD MORGAN

Pobl eraill wnaeth sylweddoli bod 'rhywbeth o'i le' ar Joel gynta. I ni, fel rhieni dibrofiad, ymddangosai'n fabi ac yn blentyn bach normal. Oedd, roedd ganddo obsesiwn efo clociau, ond gan fod plant yn dueddol o gael obsesiynau beth bynnag wnaeth hynny mo'n taro ni fel rhywbeth rhyfedd.

Yn fam i bedwar mab, fy mam-yng-nghyfraith leisiodd ei phryderon i ddechrau. 'Tydi'r hogyn 'ma ddim yn gwrando arna i!' mynnai, gan awgrymu y dylem fynd ag o am brawf clyw. Ond a hithau'n ddynes siaradus efo llais mawr awdurdodol, tybiem mai dewis ei hanwybyddu oedd Joel!

Yna, wedi iddo gychwyn yn y dosbarth meithrin, mynegodd ei athrawes bryderon eraill. Doedd ganddo ddim diddordeb mewn chwarae efo plant eraill; roedd ganddo gyswllt llygad gwael, ynghyd ag arferiad o droelli pethau (er enghraifft, byddai'n troi beic ben i lawr i droi'r olwynion yn hytrach na mynd arno).

Ac er i ni wfftio at hynny hefyd, dal i fynnu nad oedd

pethau'n iawn wnaethon nhw, ac wedi cryn ddadlau a methu derbyn o'n tu ni, dechreuwyd cyfres o asesiadau i drio canfod a oedd Joel yn awtistig.

Erbyn heddiw, mae'r sbectrwm yn cael ei hystyried yn llawer ehangach nag oedd hi dros chwarter canrif yn ôl, ond am nad oedd Joel yn ffitio'n dwt i'r 'tri amhariad' (cyfathrebu cymdeithasol, rhyngweithio cymdeithasol ac anhyblygrwydd meddyliol), roedd yn sbel go lew cyn iddo gael diagnosis.

Hyd yn oed os nad oedd diddordeb ganddo yn ei gyfoedion, roedd Joel wrth ei fodd efo oedolion, a'i eirfa'n soffistigedig am ei oedran. Gydag amser, fodd bynnag, sylweddolom mai siarad *at* bobl oedd o yn hytrach na sgwrsio efo nhw.

Wedi iddo gael diagnosis, cafodd gymhorthydd un-i-un yn yr ysgol, ac roedd y plant eraill yn wych efo fo, chwarae teg – ar y cyfan. Dwi'n cofio dwy ferch yn yr ysgol Sul un tro yn piffian chwerthin wrth i Joel wneud y synau a'r stumiau 'stimio' sydd mor nodweddiadol o'r cyflwr.

'Ydi bob dim yn iawn?' gofynnais â min yn fy llais a'm llygaid fel cyllyll, gan beri iddyn nhw gochi a chau eu cegau mewn dychryn.

Doedd oedolion fawr gwell weithiau, ac un o'r pethau anoddaf i mi oedd delio ag ymateb pobl eraill tuag at Joel, yn enwedig pan fyddai'n strancio neu'n ymddwyn yn od neu wedi gorgyffroi (yn wir, un o berlau Joel oedd dweud 'Excited ydi awtistig yn Saesneg, 'de?').

Mae gen i gywilydd wrth edrych yn ôl 'mod i wedi gadael i hyn boeni gymaint arna i, ond mae'n anodd pan mae pobl yn camgymryd y cyflwr am ymddygiad anystywallt ac yn eich beirniadu chi fel rhiant.

Er gwaetha'i gyflwr, roedd Joel yn bleser i fod yn ei gwmni. Yn smala a llawen, roedd wrth ei fodd yn gwneud i bobl eraill chwerthin, ac efo'i glyfrwch geiriol a'i chwerthiniad heintus fe lwyddai i wneud hynny'n rhwydd.

Doedd ochr dywyll y cyflwr ddim yn gymaint o hwyl, pan gâi'r *meltdowns* bondigrybwyll a ddeuai drosto weithiau, yn enwedig pan ddigwyddai'r rheini yn gyhoeddus. Ac er ei bod yn haws delio â'r rhain pan oedd Joel yn fach, doedd y niwl coch a barai iddo gripio a phinsio a brathu yn ddim ond awgrym o'r hyn oedd i ddod pan fyddai'n hŷn.

Ar y cyfan, setlodd Joel yn dda yn Ysgol Plas Brondyffryn, sef ysgol uwchradd i blant a phobl ifanc awtistig yn Ninbych, er iddo gael ambell bwl o wrthod mynd. Erbyn ei dymor olaf, treuliai noson yr wythnos yno fel disgybl preswyl, oedd yn dipyn o gam ag yntau'n dueddol o hiraethu pan arhosai oddi cartre.

Roedd gadael yr ysgol wedyn yn brofiad trawmatig dros ben iddo, a dyna pryd ddechreuodd y pyliau treisgar waethygu. Byddai'n hunananafu bob dydd bron, gan frathu ochr ei law a waldio'i ben yn erbyn waliau neu ar lawr (mae ganddo graith fel bwled yng nghanol ei dalcen o ganlyniad).

Ond pan fyddai'n troi'r gynddaredd honno yn erbyn rhywun arall – ei dad yn bennaf i ddechrau – roedd o fel anifail rheibus, ac mae'n syndod na chafodd unrhyw un niwed gwaeth, yn enwedig ar ôl iddo ymosod arna i pan oeddwn i'n gyrru.

Pen draw hyn oedd i ymddygiad Joel gael ei ddisgrifio fel un 'potentially catastrophic', ac o'r herwydd cafodd ei ffast-tracio am le mewn cartref preswyl ar gyfer pobl awtistig ym Mryniau Clwyd.

Tua'r adeg yma y darllenais erthygl hynod ddirdynnol a phwerus o'r enw 'The Monster Inside My Son' gan yr awdur Ann Bauer. A hynny i raddau a barodd i minnau benderfynu sôn am ochr arswydus awtistiaeth yn hytrach na'i glodfori fel rhyw gyflwr ecsentrig ond hoffus.

Rydyn ni wedi gorfod cwffio am gymaint o bethau dros y blynyddoedd, gan daro yn erbyn gymaint o dalcenni caled ac ymaflyd â chymaint o fiwrocratiaeth, mae'n dorcalonnus meddwl am yr holl bobl sydd wedi digalonni ac yn byw bywydau caeth a dan warchae.

Achos er bod plant awtistig yn tyfu i fod yn oedolion awtistig, unwaith iddyn nhw droi'n ddeunaw mae'r cymorth a'r gefnogaeth iddyn nhw a'u teuluoedd/gofalwyr yn prinhau.

Ac eithrio rhai misoedd mewn uned iechyd meddwl yn

sgil cyfnodau clo Covid, mae Joel yn dal i fyw yn yr un cartref ers rhai blynyddoedd bellach, ac i weld yn fodlon ei fyd *ar hyn o bryd* (y byrdwn parhaus hwnnw).

Mae'r feddyginiaeth y mae'n ei chymryd wedi helpu yn ddi-os, ond gobeithio hefyd bod yr hyn a ddywedodd un o'i gyn-weithwyr cymdeithasol wedi dod yn wir, sef bod llawer o bobl awtistig yn dofi yn eu hugeiniau hwyr.

Erbyn hyn, picio adre am awren bob rhyw fis fydd Joel, o'i gymharu â'r ddwy neu dair noson yr arferai eu treulio efo ni bob pythefnos ar un adeg. Ond gan y medrai'r rheini fod yn llawn tensiwn yn aml, oherwydd ei hwyliau anwadal, mae'r patrwm yma'n well i bawb.

Wrth fynd yn hŷn, y gwir amdani ydi fod Joel wedi ymddieithrio oddi wrthym ni. Ond er yr hiraeth anochel am yr hogyn a arferai fod mor agos atom, rydyn ni mor falch ohono a'r ffordd mae o wedi dod mor bell o adael y nyth i ryw fath o annibyniaeth.

'Everybody is a genius. But if you
judge a fish by its ability to climb a tree,
it will live its whole life
believing that it is stupid.'

Albert Einstein

Mae amrywiaeth yn hardd

NATH TREVETT

Mae'n anodd dewis y geiriau cywir i ddisgrifio awtistiaeth a fydd pawb ddim yn cytuno gyda fy newis i. Felly, mae'n ddrwg 'da fi os ydw i'n sarhau'r darllenydd – nid dyna ydi'r bwriad o gwbl, gallaf eich sicrhau.

Dwi wedi diodde troseddau casineb (*hate crimes*) ar hyd fy oes – yn yr ysgol a thu fas. Ces fy ngham-drin yn blentyn a fy mwlian jyst oherwydd fy mod yn ymddwyn ac yn ymateb yn wahanol i blant a phobl eraill – pwy sydd ddim? Mae pawb yn wahanol.

Ces i fy niagnosis yn 16 oed ond oherwydd na ches i ddigon o gymorth – yn enwedig ar ôl y diagnosis – dwi wedi dysgu'r ffordd anodd fy mod i'n fwy niweidiadwy nag o'n i'n ei sylweddoli. Daw hyn ar ôl bod mewn cyfarfodydd ac arsylwi ar bobl awtistig eraill sydd wedi bod drwy'r tân fel fi, yn eu ffyrdd eu hunain wrth gwrs. Dwi'n cydymdeimlo gyda'r bobl yma bob dydd. Mae yna hefyd lawer o bobl sy'n mygydu o hyd, hynny yw, maen nhw'n cuddio eu hemosiynau neu'n esgus bod yn hapus pan, mewn gwirionedd, dydyn nhw ddim yn teimlo'n hyderus o gwbl – mewn amgylcheddau cymdeithasol, er enghraifft. Fy hun, dwi wedi cael llond bol ar fygydu. Dwi ddim eisiau byw o dan straen yn esgus bod yn rhywbeth dwi ddim a hynny jyst i geisio ffitio mewn neu i blesio pobl eraill – nid dyna'r ffordd i ffitio mewn yn y byd ta beth. Yr unig ffordd i ffitio yn y byd yma ydi trwy fod yn pwy ydyn ni. All neb helpu'r ffaith eu bod nhw'n sensitif i oleuadau llachar, i synau uchel, yn sensitif i gyffwrdd. Does neb yn gallu helpu pwy ydyn nhw, dim ots pa mor ddifrifol yw eu symtomau nhw. Ac mae symtomau pawb ar lefelau gwahanol – nid oes dau berson yr un peth. Mae ambell i berson yn fwy sensitif i rywbeth na pherson arall, ond fyddwch chi byth yn nabod unrhyw un tan i chi gamu mewn i'w hesgidiau nhw. Dyna pam mae'n bwysicach i ddysgu a chodi ymwybyddiaeth am awtistiaeth nag unrhyw beth o gwbl. Dyna sut y gellir sicrhau fod pobl yn gallu teimlo'n fwy cyfartal.

Beth ddylai pawb ei ddysgu ydi 'Damcaniaeth Darogan Meddwl' (*Theory of Mind*). Mae modd crynhoi'r ddamcaniaeth fel hyn: 'mae pobl eraill yn gwybod pethau dydyn ni ddim, ac rydyn ni'n gwybod pethau dydyn nhw ddim'. Pan dwi'n ceisio esbonio hyn wrth bobl, dyma'r enghraifft dwi'n ei rhoi iddyn nhw – ac mae hi'n enghraifft wreiddiol hefyd:

Damcaniaeth Darogan Meddwl

Mae cyfarfod mewn ystafell wedi dod i ben ac mae pawb wrthi'n gadael. Mae un person (Person A) newydd gamu mas o'r stafell heb ddweud 'hwyl fawr' wrth unrhyw un. Roedd rhai pobl, gan gynnwys Person B, wedi dweud 'hwyl fawr' wrth Berson A ond heb gael ateb ganddo. Beth yw eich argraff gyntaf am y sefyllfa hon?

Nawr 'te, beth yw ymateb Person A a Pherson B ar wahân?

Efallai fod Person B yn meddwl, 'Dwi'n cofio fe'n dweud bod ganddo fe gyfarfod arall, efallai ei fod ar frys,' neu 'Dwi'n cofio fe'n dweud bod ganddo awtistiaeth. Efallai ei bod yn anodd iddo ddweud "hwyl fawr"'.

Ac efallai fod Person A yn meddwl, 'Maen nhw'n gwybod fy mod i'n awtistig. Fydd ddim ots ganddyn nhw,' neu 'Rhaid eu bod nhw wedi gweld fy mod i'n anghyfforddus mewn fan'na'.

Ond beth a phwy sy'n gywir?

Chi'n gweld? Dydych chi fyth yn nabod unrhyw un tan i chi gamu mewn i'w hesgidiau nhw.

Ar y cyfan, dyw person sydd wedi ei gyffwrdd gan awtistiaeth ddim yn wahanol i rywun gyda dyslecsia, rhywun sydd wedi ei eni ag un fraich, neu wedi ei eni â chorachedd, neu unrhyw beth o gwbl. Rhan fach iawn o'r unigolyn yw awtistiaeth, nid y llun i gyd. Warwick

Davis ydi Warwick Davis, er enghraifft, a does neb yn ei feirniadu am iddo gael ei eni â chorachedd. Oes unrhyw un yn beio Cerrie Burnell am iddi gael ei geni ag un fraich? Yn gweld bai ar Richard Kiel am ei anferthedd? Ar Lady Gaga am boen cronig *fibromyalgia*? Neu'r soprano Laura Wright am gael ei geni gydag arthritis yn ei choes? Dyw awtistiaeth ddim yn wahanol i'r pethau hyn, mae'n rhan fach o unigolyn, yn union fel cyflyrau'r enwogion yma. Dylai'r byd werthfawrogi pawb am bwy ydyn nhw.

Dros y degawd diwethaf, mae'r ymwybyddiaeth am awtistiaeth wedi cynyddu ond mae lle i wella o hyd – a dwi ddim yn gwybod faint o weithiau dwi wedi dweud hynny ar y cyfryngau fel eiriolwr awtistiaeth. Dwi eisiau gweld pobl ledled y byd yn cael eu derbyn fel maen nhw, heb ofni cael eu beirniadu o dan unrhyw amgylchiadau.

Dwi wedi dweud mewn sawl cyfweliad: dyw e ddim yn deg bod enwogion yn gallu cael diagnosis ac yna parhau gyda'u gyrfaoedd. Pobl megis Susan Boyle, Anthony Hopkins, Dan Aykroyd a Greta Thunberg. Mae'n dda eu bod nhw wedi cael diagnosis, ond ble mae hyn yn gadael y gweddill ohonon ni ar y blaned sydd eisiau bod mor llwyddiannus ac enwog â nhw? Dyna pam mae'n bwysig i wneud llawer mwy o ffys am awtistiaeth a gwneud llawer mwy o gyfresi a ffilmiau sy'n cynnwys y cyflwr – mae pobl yn gwylio operâu sebon ac ati bob dydd. Efallai y dylid datgan ar y cyfryngau ac mewn llyfrau hefyd y credir fod awtistiaeth gan enwogion sydd wedi marw fel Albert Einstein, Charles Darwin a Wolfgang Amadeus Mozart hefyd.

Dim ots faint o weithiau fydda i'n cael fy nghyfweld yn y dyfodol, fydda i byth yn newid fy marn am y pethau hyn. Rydyn ni angen creu byd lle mae pawb yn gallu teimlo'n gyfartal, ac yn anffodus mae'r byd wedi ei ecsbloetio gan adloniant a'r cyfryngau – mwy fyth o reswm i ddarlledu am awtistiaeth. Pam roedd pobl wedi dechrau prynu *smartphones* neu ddefnyddio cardiau clwb yn Tesco? Oherwydd roedd y pethau hyn i gyd wedi cael eu hyrwyddo ar-lein, ar bosteri, ar y teledu, ym mhob man. Beth felly sy'n rhwystro pobl rhag hyrwyddo awtistiaeth yn yr un modd? Gall yr un cwestiwn gael ei ofyn am ADHD, iselder a dyslecsia – popeth yn y byd. Wedi'r cyfan: does neb yn berffaith, mae pawb jyst yn wahanol. Petai Joseph Merrick yn fyw nawr, beth fyddai pobl yn ei ddweud amdano fe? Byddai'n rhaid i bawb ei barchu, fel y dylen nhw fod wedi'i wneud pan oedd e'n fyw. Hyd y gwela i, mae gan bob un ohonon ni anabledd, cyflwr, anhawster, neu beth bynnag, a dyna sy'n ein gwneud ni i gyd yn unigryw. Onid dyna sy'n rhoi lliw i'r byd?

Beth sy'n fy ngwneud i'n grac ydi bod sioeau fel *Britain's Got Talent* a *The X Factor* wastad yn gwobrwyo cantorion, comedïwyr neu gonsurwyr. Man a man iddyn nhw alw'r sioe yn *Britain's Got Voice, Magic and Comedy*. Mae talent yn air eang iawn, ond mae'r cyfalafwyr (sy ddim ond yn pryderu am eu henw da) yn culhau'r gair i feddwl y pethau hyn. Pryd oedd y tro diwethaf wnaeth unrhyw un wrando ar Mark Knopfler, Eric Clapton neu Miles Davis? Lle mae'r holl offerynnau hyfryd i gyd wedi mynd? A pham fod rhaid i chi ganu yn Saesneg i fod yn enwog? Pam na chaiff Sigrid ganu yn Norwyeg neu Björk yn Islandeg? Beth sy'n bod gyda defnyddio is-deitlau? Dylai cerddorion ganu mewn iaith sydd o fewn eu man cysurus, eu 'comfort zone', yn lle cael eu trin fel milwyr tegan neu ddoliau. Os yw Dafydd Iwan yn medru glynu at y Gymraeg, dylai unrhyw beth fod yn bosib. Dwi wedi canu gydag is-deitlau ac roedd y neges yn glir i bawb. Mae gan bawb eu man cysurus, hyd yn oed pobl sensitif – nid yn unig bobl awtistig. Cafodd y tenor José Carreras ei fychanu gan yr arweinydd Leonard Bernstein wrth iddo ganu rhan Tony mewn recordiad o *West Side Story*. Fe allwch chi weld y clip ar YouTube. Sbaeneg yw iaith gyntaf Carreras, nid iaith strydoedd Efrog Newydd Tony. Pan gafodd Carreras ei ddewis i chwarae'r rhan, cafodd ei fychanu am ei Saesneg, ond oni bai fod Carreras eisiau cael ei herio fel hyn ac yn hapus i gael ei ffilmio'n ymarfer ni ddylid bod wedi ei wthio mas o'i fan cysurus. Does dim rhaid i chi fod yn awtistig i deimlo'n anesmwyth.

Mae'r un peth yn wir am bawb. Ni ddylai'r un caneuon gael eu canu a'u canu er mwyn gwneud pobl yn enwog.

Faint o bobl sydd wedi canu fersiynau o 'Hallelujah' gan Cohen, 'I Dreamed a Dream' o *Les Misérables*, neu 'We Will Rock You' gan Queen? Mae hyn yn eithrio pobl sydd eisiau gwneud pethau'n wahanol. Yn waeth fyth, yn yr oes hon, mae angen hyfforddiant lleisiol i ddod yn enwog. Ond pam? Bwlian ydi hyn. Does dim hyblygrwydd nac ymgais i addasu. Fe fydd labeli yn parhau os bydd pethau fel hyn yn dal i ddigwydd – does neb eisiau cael eu labelu.

Mae hyn fel gwahaniaethu yn erbyn pobl oherwydd bod ganddyn nhw salwch fel y clefyd niwronau motor, ac nid yw'n ffocysu ar y pictiwr llawn. Dwi wedi cwrdd â dau berson awtistig yr oedd yn well ganddyn nhw ganu 'Bring Him Home' o *Les Misérables* oherwydd fod 'I Dreamed a Dream' yn cael ei chwarae lot gormod ac yn gorlwytho'r synhwyrau, siŵr o fod. Fedra i ddim dweud yn bendant achos dwi ddim wedi trafod hyn gyda'r unigolion, ond mae unrhyw beth yn bosib ac fe ddylai amrywiaeth gael ei barchu. Dyma ble mae Damcaniaeth Darogan Meddwl yn chwarae rhan. Mae'n hen bryd i'r cyhoedd – gan gynnwys cyfalafwyr fel Simon Cowell – ystyried hyn i *gyd* a dechrau bod yn fwy hyblyg, yn lle culhau'r opsiynau o hyd. Fe fydd amrywiaeth yn cael ei werthfawrogi.

Mae Syr Willard White wedi cadw enw da Paul Robeson yn fyw. Roedd Paul Robeson yn ddyn hynod iawn. Mae pobl yn deall bod hiliaeth yn gwbl annerbyniol a nawr mae'n rhaid iddyn nhw ddeall bod gwahaniaethu yn annerbyniol hefyd. Dyw pobl awtistig ddim yn medru helpu'r ffaith eu bod nhw'n ffocysu'n fanwl (sydd yn symtom) mwy nag y gall rhywun helpu beth yw ei dras. Dwi ddim yn gwybod beth mae pobl yn ei feddwl pan maen nhw'n gweld fy mand pen moethus, ond does dim byd yn medru fy rhwystro rhag ei wisgo ac mae angen i 'rywun' sefyll i fyny dros awtistiaeth.

Dyw hi ddim yn iawn i gael un wythnos i ddathlu awtistiaeth mewn blwyddyn gyfan. Fe ddylai pob diwrnod o'r flwyddyn fod yn ddiwrnod balchder: yn ddiwrnod iechyd meddwl, sglerosis ymledol, anhwylderau bwyta, awtistiaeth, ac ati ac ati ac ati. Dylai pob dydd werthfawrogi pob dim 24/7 am y flwyddyn gyfan. Dyw e ddim yn deg bod pobl yn aros am un wythnos i ddathlu eu bod nhw'n hoyw neu'n awtistig neu'n diodde o iselder neu beth bynnag. Mae'r bobl yma gyda ni bob dydd, ym mhob man, a dylen nhw deimlo'r un mor gyfforddus â phawb arall. Pobl ydyn ni i gyd ac mae amrywiaeth yn hardd.

Mae'r gân 'Un Fel Chi' wedi gwneud gwahaniaeth eleni a dwi'n gobeithio y bydd yn parhau i wneud. Ar ôl ei pherfformio ar *Noson Lawen*, fe ddwedais i wrth sawl canwr y baswn i'n gwerthfawrogi petaen nhw'n cadw'r neges yn fyw. Mewn blynyddoedd i ddod fe fydd newid enfawr o ran agweddau dros y byd i gyd, gobeithio. Mae yna bobl a chwmnïoedd mewn gwledydd eraill yn gwneud eu rhan i godi ymwybyddiaeth ac i gwrdd ag anghenion pobl awtistig – fel y dylai pawb gwrdd ag anghenion ei gilydd – ond mae'n rhaid i bob un wneud ei ran. Nid dim ond arbenigwyr.

Baswn i wedi hoffi bod yn gyflwynydd teledu yn fawr iawn. Baswn i'n rhoi unrhyw beth i gyflwyno sioeau cwis neu raglen wedi ei seilio ar awtistiaeth – sioe sgwrsio neu bodlediad lle baswn i'n siarad dros rai sydd ddim yn hyderus o flaen y camera. Mae'n rhaid i rywun wneud hyn i gyd.

Cofiwch: jyst oherwydd bod rhywun yn ffeindio rhywbeth yn anodd i'w wneud, fel siarad o flaen camera neu unrhyw beth arall, NID gwendid ydi hynny o gwbl.

Pan ofynnwyd i mi sgwennu ar gyfer y llyfr yma, ro'n i'n methu credu'r peth. Ro'n i'n gwybod bod Non wedi cael diagnosis eleni, ac fe ddwedais i ar *Noson Lawen* fy mod i'n falch i glywed hynny pan ddwedodd Bronwen Lewis wrtha i ei bod hithau wedi cael diagnosis am ADHD yn ddiweddar. Mae'n fraint wirioneddol, felly, i fedru cyfrannu at y llyfr hwn a dwi'n gobeithio y bydd y darllenydd yn dysgu ychydig bach hefyd. Yn fwy na hynny, dwi'n gobeithio y bydd cynnwys y llyfr yn gwneud gwahaniaeth am genedlaethau i ddod.

'Why fit in when you were born to stand out?'

Dr Seuss

'Fel glanio yn Ffrainc'

NON PARRY

Yn y cyfnod yn arwain at yr apwyntiad i gael canlyniadau'r asesiadau ASD, y cyfan o'n i'n poeni amdano oedd 'be os NAD ydw i'n awtistig?' Roedd hynna'n waeth na meddwl bo fi'n mynd i gael diagnosis positif. Bysa hynna'n golygu bod dim 'rheswm' pam bo fi'n ffeindio bywyd bob dydd mor eithafol o anodd. Os NAD ydw i'n awtistig… wel, be? Ydw i jyst 'methu neud bywyd'? Wedi torri?

Fel hyn dwi wedi teimlo trwy gydol fy mywyd. Diffygiol. Yn gwylio pobl yn mynd o gwmpas eu pethe heb deimlo'r ofnau o'n i'n eu teimlo, y stres, y sŵn pen diddiwedd, yr *overwhelm*. Bob bore, deffro gyda gorbryder – cyn i fi hyd yn oed agor fy llygaid roedd 'y sŵn' yn cychwyn. Y cwestiynau. 'Sut dwi'n mynd i neud popeth heddiw?' Ymarfer sgyrsiau, ymarfer gwynebau, sut i fihafio. Dyma jyst rhai o'r pethe sy'n anodd i fi:

Chit-chat dibwys (*small talk*)
Cymdeithasu

Siarad ar y ffôn

Ordro bwyd

Bwyd yn gyffredinol

Yr archfarchnad

Mynd ar wylie

Amser. Poeni pryd i gyrraedd neu adael llefydd

Dillad sy'n teimlo'n *weird* (i fi!)

Sypreisys

Partis

Eistedd yn llonydd

Sefyll yn llonydd

Gofyn am bethe!

Cysgu

Mae lot, LOT mwy!

Mae pwsio'n hun i neud popeth ar y rhestr uchod – a mwy – a byw a bod mewn byd sy'n *overstimulating* ac yn heriol yn cymeryd lot o egni, felly i fi, ac i lot o bobl awtistig, mae'n golygu ein bod ni'n rhedeg allan o egni, neu *social battery*, yn gynt na phobl eraill. Dwi angen lot o amser i fi'n hun mewn lle cyfarwydd a chyfforddus i ailwefru. Rŵan bo fi'n deall hynna mae bywyd yn haws. Mae'r heriau dal yna, tydi'r byd ddim wedi newid, ond dwi'n gallu newid y byd 'chydig i fi a mynd 'nôl i'n sbês bach fy hun bob hyn a hyn.

Mae gen i blentyn gydag awtistiaeth a chyn iddyn nhw – a fi – gael diagnosis, wnaethon nhw ddisgrifio sut o'n nhw'n teimlo yn y byd.

'Mae o fel glanio yn Ffrainc, ar ben fy hun, a dwi ddim yn deall Ffrangeg.'

O'n i'n deall YN UNION sut oedd Kitty'n teimlo. Mae jyst byw a bod yn teimlo fath â glanio mewn gwlad dramor a gorfod dysgu sut i siarad, symud, ymddwyn heb *guidebook* na *phrasebook*... Dwi ddim yn deall traddodiadau'r bobl yma, mae'r rheolau yn neud i fi deimlo'n anghyfforddus. Dwi 'di, rhywsut, dysgu'r iaith – *ish* – ond 'dio ddim yn dod yn naturiol ac mae'n *exhausting* trio. A tydi'r amgylchedd ddim yn groesawgar nac yn gyfforddus.

O'n i'n OBSESD efo'r ffilm *E.T.* pan o'n i'n blentyn. (O'n i'n OBSESD efo lot o bethe, sy'n fflag fawr mewn asesiad ASD.) A rŵan dwi'n *kinda* gallu gweld pam. Mae E.T.'n glanio ar y blaned hon, mae o ar goll, 'dio ddim yn deall neb, mae pawb yn meddwl ei fod o'n *weird* ac mae o isio mynd adre. *Story of my LIFE.* Teimlo fath ag *alien*. Ddim o'r byd yma.

Mae'n beth od i ddeud ond tra bo fi'n tyfu fyny doeddwn i ddim yn teimlo bo fi'n 'perthyn' i unrhyw un. Dwi'n gwybod bo fi! A dwi'n CARU PAWB sy'n perthyn i fi. Ond am gyfnod pan o'n i'n fach o'n i'n meddwl falle bo fi wedi cael fy mabwysiadu. Achos doeddwn i ddim yn gallu gweld 'fi' yn unrhyw un o 'nghwmpas i. Ges i ddim byd ond cariad, ac roedd teulu a ffrindiau yn dathlu pob *quirk* o'dd gen i. O'n i'n caru perfformio ond hefyd yn CARU cuddio a bod ar fy mhen fy hun. Doeddwn i byth yn teimlo'n unig… nes bo fi efo pobl eraill.

Dwi ddim yn siŵr os ydi 'perfformio' yn bach o *What came first? The chicken or the egg?* A wnes i ddysgu 'perfformio' jyst i 'fihafio' fel pobl o 'nghwmpas i? Dwi'n gwybod bo fi wedi gorfod neud hynna lot. Neu ydw i wedi hedfan o dan radar ASD dros y blynyddoedd ACHOS bo fi'n gallu ac yn mwynhau perfformio? Mae un peth yn sicr, dwi ddim yn 'perfformio' pan dwi ar lwyfan gydag Eden. Dyma lle dwi mwya cyfforddus, dyma'r fersiwn mwya *authentic* ohona i. Falle bo fi'n lwcus bo fi'n gallu canu. Roedd hynna'n ollyngfa enfawr. Rhywle dwi'n cael bod yn fi. Mae perfformwyr yn cael ymddwyn yn *weird*! Gwisgo fel maen nhw isio. Siarad fel maen nhw isio. Bod yn *quirky*. Yn ecstra. Taswn i'n gallu bod yn ecstra yn Aldi bysa bywyd yn lot haws i fi! Does dim rhaid i fi ymarfer bod y Non mae pobl yn ei gweld ar lwyfan, mae hynna'n dod yn hollol naturiol a diymdrech, ond mae'n rhaid i fi ymarfer neud pethe 'normal'. Mae 'normal' yn neud i fi deimlo'n nerfus a gwahanol, allan o le.

Ges i'r diagnosis cwpwl o oriau cyn i Eden neud gìg yng Nghlwb Ifor Bach. Ac o'n i'n teimlo bod y bydysawd wedi sortio hynna allan i fi! Ro'n i yn rhywle ble o'n i'n cael bod yn fi wrth brosesu'r newyddion. Gyda dwy ffrind (Emma a

Rachael) oedd wedi nabod a derbyn fi yn ddigwestiwn ers o'n i'n blentyn. A pha mor lwcus ydw i i weld cannoedd o bobl yn edrych 'nôl arna i yn hapus a charedig tra bo fi'n 'bod yn fi'?

Ac, o'n, o'n i'n teimlo rhyddhad ENFAWR am gwpwl o ddyddie... ond yn yr wythnosau nesa daeth...

DICTER – O'n i rili ddim yn disgwyl teimlo'n flin ond OMB o'n i'n flin!! Pam nad oedd neb wedi sylwi? Pam bo fi wedi gorfod teimlo mai fi oedd ar fai am hanner canrif?

GALAR – Galaru am y fersiwn ohona i fysa wedi cael jyst 'bod'. Pwy bynnag oedd y person o'n i yma i fod.

CYWILYDD – O'n i'n teimlo cywilydd bo fi wedi trio 'lladd' pwy o'n i go iawn. Doedd dim byd yn 'bod' arni hi. O'n i'n greulon wrthi ac o'n i'n ffeindio hynna'n annioddefol o drist.

ARGYFWNG HUNANIAETH – Pa fersiwn ohona i oedd y fersiwn go iawn? O'n i wedi 'creu' Non oedd yn fwy derbyniol? O'n i'n nabod hi... ond oedd hi'n FI? Pryd dwi'n 'mygydu'? Ble mae'r Non sy'n mygydu a'r Non go iawn yn dechre ac yn darfod?

EMBARAS – Nid embaras bod gen i awtistiaeth o gwbl, ond embaras bo fi wedi esgus bod ddim – ddim yn bwrpasol wrth gwrs. O'n i'n teimlo mor stiwpid bo fi hyd yn oed wedi trio ffitio mewn. Oedd unrhyw un wedi amau? Gweld trwydda i?

Ges i LOT o therapi! Ac roedd hynna'n amhrisiadwy.

Lot o ailweirio canfyddiadau amdana i fy hun oedd wedi bod yn niweidiol ac wedi arwain at gymaint o boen a salwch meddwl. Wnaeth y diagnosis agor drws i fannau tywyll ac ynysig iawn o'n i wedi eu gorchuddio erioed. Ond roedd hi'n hanfodol i fi fynd yna er mwyn i fi allu dechre gadael fynd ar y credoau yna ac atgyweirio fy hunaniaeth. Heb fod isio swnio'n ddramatig, mae o wedi teimlo fel ailenedigaeth. Ac roedd y rhyddhad a'r dilysiad ges i wedi'r diagnosis ac wedi i fi brosesu popeth yn newid byd.

A rŵan dwi'n nabod ac yn derbyn fy hun a PHOPETH ydw i. Y dasg nesa ydi ailgyflwyno'n hun i bawb, tynnu'r masg a siarad yn fy 'iaith' i, helpu pobl o 'nghwmpas i 'siarad Non', yn hytrach na bo fi'n trio 'siarad niwronodweddiadol'. Tydi hyn ddim yn hawdd, ar ôl oes o ddibynnu ar strategaethau i ymdopi â shêpshifftio i fod yn llai 'fi'. A dwi wedi bod yn poeni ar brydiau os bysa pobl yn derbyn ac yn hoffi'r Non awtistig. Ydyn nhw'n mynd i deimlo piti drosta i? Meddwl bo fi'n wan neu'n 'ddiffygiol'? Wel, *fuck it*! Dyna dwi 'di deud wrtha i'n hun ers dwi'n cofio, felly tydi o'm yn beth newydd i fi! A'r peth briliant ydi DWI'N gwybod bo fi ddim yn ddiffygiol rŵan... felly does gen i ddim byd i'w ofni.

Erbyn hyn dwi'n gadael i bobl wybod be sy angen arna i i allu gweithredu'n effeithiol o ddydd i ddydd a be sy ddim yn mynd i weithio I FI. Dwi wedi stopio cosbi'n hun pan dwi'n stryglo i ymdopi efo pethe mae pobl eraill yn ffeindio'n hawdd. Dwi wastad wedi bod yn rhywun sy ag empathi enfawr tuag at bawb OND amdana i. Wastad yn barod i neud i bobl eraill deimlo'n gyfforddus, hyd yn oed os oedd hynna'n golygu bo fi'n anghyfforddus. Mae'r diagnosis wedi rhoi caniatâd i fi ddangos empathi a gofalu amdana i fy hun rŵan. Y gwir trist ydi, dylwn i 'di teimlo bo gen i hawl i neud hynna erioed. Sneb angen caniatâd i ofalu amdanyn nhw eu hunain a diogelu eu hunain. Sneb angen caniatâd i fod yn nhw.

Cafodd Kitty ni ddiagnosis cyn fi, yn ddeuddeg oed. O'n i efo nhw drwy'r rhan fwya o'r asesiadau a falle o'n i'n stiwpid i beidio sylweddoli bo fi'n ffeindio eu hatebion nhw'n hollol normal. Wnaeth y geiniog ddim disgyn bod Kitty a fi yn rhannu'r un ofnau, pryderon a heriau cymdeithasol nes i Kitty ddeud wrtha i un noson, tra ein bod ni'n siarad am orbryder, 'Mam, dwi'n meddwl bo ti angen asesiad hefyd achos ti'n siarad fel dwi'n meddwl.' Felly dyna wnes i, a dwi'n diolch bob dydd i'r bydysawd am ddod â Kitty i fi. Heb fod isio 'defnyddio' profiadau Kitty, dwi'n eu gwylio nhw'n dod i nabod eu hunain a llywio'u ffordd drwy dirwedd niwronodweddiadol, ac mae rhannu'r daith efo nhw wedi bod yn *healing* ofnadwy. Mae o wedi bod yn gyfle i fi gefnogi Kitty, ydi, ond hefyd i gynnig y cysur a'r arweiniad roedd y Non fach hefyd ei angen ac yn ei haeddu.

Wrth gwrs, mae'r ffaith bo fi'n awtistig yn fy helpu

i i ddeall heriau Kitty. 'Dan ni'n gallu uniaethu a chydymdeimlo efo'n gilydd yn fwy na neb arall. Ond weithie mae dau berson ag awtistiaeth yn gallu bod yn *total disaster*! Ond 'dan ni'n dysgu ac yn addasu… ac addasu'r eilwaith! Dylen ni i gyd neud hynna *though, right*?! Be sy'n lyfli i'w wylio yw tydi Kitty ddim yn mygydu, sy weithie yn neud i bobl eraill deimlo'n anghyfforddus, ond *welcome to our world*, bobl! Dwi mor falch eu bod nhw'n gwrthod newid be sy'n neud nhw'n nhw. Mae'n beth dewr ac, yn anffodus, yn eu neud nhw'n unig ofnadwy. Yn enwedig yn yr arddegau, mae'n anodd mentro i fod yn wahanol. Mae'n gallu bod yn anodd iawn i ffeindio *tribe*. Ac mae o wedi torri calonnau pawb yn y teulu i weld person ifanc, dawnus, doniol, creadigol, diddorol, galluog a charedig yn teimlo mor anweledig… yn deud ac yn credu mai nhw oedd wedi torri.

Doedd ysgol brif ffrwd ddim yn ymarferol i Kitty. A diolch i staff anhygoel Ysgol Bro Preseli (Sioned ac Enfys) cafodd hyn ei nodi a'i ddilysu. Nid gwrthod ysgol mae plant fel Kitty, er mai dyna sut mae'n cael ei ddisgrifio. Mae'n gorfforol amhosib i rai fod mewn amgylchedd sy'n drawmatig iddyn nhw, yn ddryslyd ac yn llethol. Mae'n eu gorfodi i drio ffitio i fewn i focsys y system ac mae hynna'n atgyfnerthu'r gred mai nhw sy wedi torri. Y system sy wedi torri. Ond mae'n gwella yn araf bach.

Pan o'n i'n tyfu fyny doedd dim cydnabyddiaeth. Beth

allen i neud ond dod i'r casgliad bo fi'n dwp ac yn wan? Mae cenedlaethau o bobl heb ddiagnosis sy wedi meddwl yr un peth.

Dwi'n deall ei fod o'n dod o le caredig iawn pan mae pobl yn deud, 'Mae cael awtistiaeth fel cael *superpower.*' (Falle bod cymeriad Dustin Hoffman yn y ffilm *Rain Man* heb helpu'r achos!) Dwi'm yn gallu cyfri cardiau, does gen i ddim *photographic memory,* falle bo fi'n 'gweld pethe'n wahanol' a falle bod pobl niwronormal yn ffeindio hynna'n ciwt. Ond y rhan fwya o'r amser mae o jyst yn neud i fi deimlo'n fwy gwahanol, neu *weird,* neu rong. Tydi o ddim yn teimlo fath â *superpower,* does gen i ddim majic OND be sy gen i, neu be dwi wedi gorfod ei feithrin, yw dewrder a chryfder falle? I roi'n hun mewn llefydd anhyfforddus bob dydd? Eto ac eto. I ddysgu iaith ac arferion *typical*? I aros mewn sefyllfaoedd sy'n brifo neu yn *exhausting*? Mae'n wir fod hynna yn cymryd *super strength.*

Ond 'di hynna ddim yn golygu bo fi isio bod yn *typical*... mae'n golygu bo fi isio bod yn FI ond mewn byd sy'n fwy agored a chroesawgar i UNRHYW UN, ASD/ADHD neu beidio. Mae pawb yn haeddu hynna, yn tydyn?

'Quiet people have the loudest minds.'

Stephen Hawking

'Ro'n ni'n teimlo fel rhieni gwael'

TANWEN HAF

Yn ddiarwybod i ni, roedd cliwiau yno o'r cychwyn; yr amlycaf mae'n debyg oedd y sgrechian diffuant a ddôi o gegau'r babis bach, wrth glywed sychwr dwylo. A hynny bob tro, yn ddieithriad. Roedd newid clytiau efeilliaid mewn toiledau cyhoeddus yn ddigon o gamp oherwydd y diffyg lle, heb ychwanegu sychwr dwylo i'r cymysgedd. Anodd oedd osgoi'r peiriant, gyda chymaint o freichiau a choesau yn chwifio dros y lle ac yn ysgogi'r sensor, a byddai'r sgrechian yn dilyn. Mae llawer wedi newid ers hynny, ond mae hwn yn rhywbeth sy'n dal i beri anghysur os bydd rhywun yn digwydd defnyddio'r sychwr dwylo tra bod y bechgyn mewn toiledau cyhoeddus.

Fel rhiant newydd, heb fawr o brofiad o fabanod, a heb gefnogaeth teulu yn agos, doedd ganddon ni ddim man cychwyn. Er bod gen i dri brawd a chefndryd, doedd gan yr un ohonyn nhw blant amser hynny; ganwyd dau nai Malcolm, fy ngŵr, cyn i ni gwrdd, a gan eu bod yn byw dramor doedd dim cyfle i ennill profiad yn eu cwmni. Felly doedd dim modd cymharu ein plant ni gyda rhai eraill, ac roedd ganddon ni efeilliaid wrth gwrs, ac mae eu magu nhw i fod yn sialens, yn ôl pob sôn!

Tra 'mod i ar gyfnod mamolaeth, un o'u hoff weithgareddau oedd postio llyfrau a theganau trwy flwch y drws ffrynt ac fe drodd hyn yn gêm a finnau'n gorfod mynd allan i gasglu popeth. Roedd bron yn amhosibl eu cael nhw i gysgu yn ystod y dydd, heb fynd â nhw am dro – gwych iddyn nhw, ond doedd dim gorffwys i ni. Y datrysiad oedd eu strapio i mewn i'r bygi a'u gadael nhw tu allan i'r drws cefn; ynghlwm yn yr awyr iach a heb unrhyw beth i dynnu eu sylw, bydden nhw'n disgyn i gysgu ymhen hir a hwyr. Wrth edrych yn ôl, galla i weld bod rhain yn nodweddion niwroamrywiaeth: gweithgareddau ailadroddus a gorysgogiad; ond, ar y pryd, ro'n ni'n meddwl bod yr ymddygiad yma yn codi oherwydd fod ganddyn nhw ffrind i chwarae ag o yn barhaus. Sawl gwaith daeth diwedd y dydd â phob un ohonon ni yn ein dagrau.

Es i 'nôl i'r gwaith yn rhan amser pan oedd yr efeilliaid yn wyth mis oed, a dweud yn blaen mai mynd i'r gwaith i gael seibiant o'n i. Dwi'n siŵr bod pawb yn meddwl mai jocian o'n i.

Fe ddaeth geiriau ymhen hir a hwyr; ro'n nhw'n 20 mis cyn i ni gael 'dacdo' (tractor) a 22 cyn i ni gael 'bỳs'; yn araf y daeth y gweddill. Doedd y diffyg siarad ddim yn rhywbeth oedd yn ein poeni'n ofnadwy – mae bod yn hwyr yn dysgu siarad yn gyffredin ymysg efeilliaid. Mae hyn yn bennaf am fod efeilliaid yn derbyn llai o sylw un-i-un o gymharu â phlant unigol, ac maen nhw'n cymryd yn hirach i ddysgu patrwm gwrando ac ymateb sgwrs naturiol. Dwi'n tybio y byddai ein pryder ynglŷn â'r diffyg geiriau wedi dod i'r amlwg ynghynt petai'r ffaith hon ddim wedi cuddio'r anhawster cyfathrebu, rhywbeth ddaeth yn fwy amlwg wrth iddyn nhw brifio.

Yn y blynyddoedd cyn geni'r bechgyn, dechreuwyd rhoi mwy o sylw yn y cyfryngau i nodweddion awtistiaeth, ac fe ddaeth yn amlwg ei fod yn fwy cyffredin nag yr oedd pobl yn ei feddwl. Trwy hyn ddes i i sylwi ar elfennau niwroamrywiaeth yndda i fy hun, a sawl aelod o'r teulu agos, er na ches i ddiagnosis ffurfiol. Mae gen i atgofion clir am brofi sawl *meltdown* neu *shutdown* fy hun yn blentyn, fel arfer dan bwysau cymdeithasol neu wrth gael fy ngorfodi i ddewis. Dewis. Mae'n air mor syml am rywbeth sy'n achosi chwyrligwgan o feddyliau, pwyso a mesur, a rhesymegu, a chlymu'r meddwl yn fwll, a hynny am y pethau lleiaf – heb sôn am benderfyniadau pwysig bywyd.

Fe helpodd y profiadau hyn fi i gydnabod nodweddion tebyg yn fy mhlant pan o'n nhw'n ifanc, ond roedd hefyd yn golygu bod angen i fi ddarbwyllo Malcolm bod angen diagnosis. Roedd ef o'r farn y byddai'n well rhoi cyfle i'r bechgyn ddatblygu, heb eu cyfyngu gan 'label', gan ei fod ar y pryd o'r farn mai'r ffaith eu bod yn efeilliaid oedd yn achosi'r gwahaniaethau yn eu hymddygiad a'u datblygiad.

Anawsterau

Yn un oed, ro'n nhw wrth eu boddau gyda stafell sensori'r feithrinfa. Bydden nhw'n hapus eu byd yn bownsio oddi ar y waliau (yn llythrennol), gyda'r gerddoriaeth, y goleuadau'n troelli a'u chwerthin yn llenwi'r stafell fach. Ond doedd dim ffordd gyfatebol iddyn nhw reoleiddio eu hunain yn yr ysgol gynradd. Profiad anodd oedd hyn i'r bechgyn, ac roedd hynny'n amlwg o'r cychwyn. Roedden nhw'n anfodlon cwblhau gwaith ac yn gwrthdaro yn aml gyda phlant eraill. Rhwystredigaeth oedd y gair i ddisgrifio cymaint o'u profiadau, a'n rhai ninnau hefyd. Bydden nhw'n ei chael hi'n anodd peidio ag ymateb os oedd rhywun fel petai'n gwneud pethau'n 'anghywir' neu'n torri rheolau. Roedd newid o un dasg i'r llall yn creu gwrthdaro os nad oedden nhw'n barod i wneud hynny. Wrth i bopeth ddod yn ormod bydden nhw'n ffrwydro am y rheswm lleiaf ac yn taflu pethau, p'un a oedd hwnnw'n gadair, yn rheolydd gêm fideo, yn deganau neu'n llyfrau; a hynny, gan amlaf, ar ôl diwrnod cyfan o geisio cydymffurfio yn yr ysgol. Ro'n i'n torri calon yn methu'n lân â'u helpu, ac yn poeni'n arw y bydden nhw, wrth dyfu'n fwy ac yn gryfach, yn cymryd eu dicter allan arna i. Roedd yn broses ddysgu anodd, i ni ac i'r ysgol, yn hytrach nag i'r plant, gyda chymorth y seicolegydd addysg, i ddod i ddallt beth oedd yn achosi'r ymddygiad a sut i'w rheoleiddio o ddydd i ddydd er mwyn osgoi cyrraedd yr ymddygiad eithaf.

Un o'r pethau ro'n i'n ei ganfod oedd yn codi cywilydd arna i oedd casglu'r plant o'r feithrinfa a'r ysgol. Bydden nhw'n gwrthod dweud 'ta-ta' na chodi llaw hyd yn oed, ac wrth adael yr ysgol bydden nhw'n troi cefn ac yn mynd, fel petaen nhw'n gyndyn i ymwneud o gwbl. Doedd siopa'n fawr o hwyl chwaith; gan y byddai'r plant mor swil ac wedi eu gorysgogi, ro'n nhw'n ceisio cuddio tu ôl i ni ac yn dringo'n coesau. Doedd fiw i ni ofyn iddyn nhw aros yn llonydd a rhoi cyfle i ni wneud penderfyniad. Roedd yr holl brofiad yn flinedig, ac yn aml yn aflwyddiannus, wrth i ni brynu'r peth anghywir, neu ddim byd o gwbl, yn y brys i adael y siop. Ro'n ni'n teimlo fel rhieni gwael, a doedd y ffordd feirniadol roedd pobl yn edrych arnon ni ddim yn helpu.

Buan y dysgon ni fod rwtîn yn bwysig gydag efeilliaid: o fwydo i newid a glanhau, gallai gymryd hyd at awr a hanner ar y cychwyn. Roedd yr un peth yn wir am gysgu, a buon ni'n ffitio popeth o amgylch bwyd ac amser gwely. Erbyn y diwedd dwi'm yn siŵr ai'r plant neu ni'r rhieni oedd fwyaf caeth i'r rwtîn. Fe fyddai'r anawsterau yn dod i'r fei pan fydden ni'n mynd i ffwrdd. Efallai na fyddai pobl eraill yn meddwl ddwywaith am ymweld â theulu dros nos, neu fynd ar wyliau; bob tro y bydden ni'n gwneud hyn byddai amser gwely'n llawn straen wrth i'r plant fethu setlo a chysgu. Bydden nhw'n aml iawn yn bownsio ar hyd y lle ymhell ar ôl amser cysgu arferol. Bu'n rhaid eu gwahanu'n aml, a oedd yn peri problem gan fod y ddau yn rhannu llofft neu wely. Roedd gwyliau'n fwy o waith na bod yn y gwaith.

Nid rwtîn oedd yr unig ateb; roedden ni'n glynu hefyd at bethau cyfarwydd. Er ein bod fel arfer yn trio cefnogi busnesau lleol, fe wnaethon ni ganfod bod mynd i westai cadwyn mawr yn fanteisiol o ran cysondeb, ac roedd hyn yn arbennig o wir am un gwesty cyfarwydd. Byddai'r plant yn gwybod beth i'w ddisgwyl, yn setlo'n syth bron, ac fe fyddai llai o ymateb gorgyffrous. Wrth iddyn nhw ddod yn hŷn ro'n nhw'n edrych mlaen at aros yn y gwesty hwn. Oherwydd hyn, fe fydden ni'n gwersylla yn llai aml, ac mae hynny'n rhan o'r baich ariannol ychwanegol sydd ynghlwm wrth fagu plant awtistig.

Ar ôl y diagnosis

A hwythau'n naw oed fe gawson nhw ddiagnosis ffurfiol ar gyfer awtistiaeth. Newidiodd y byd ddim ond dwi'n credu iddo fod yn beth positif o ran y ffordd mae'r bechgyn yn cael eu trin, sef fel plant awtistig sy'n canfod y byd yn fwy anodd na phlant eraill, rhai sydd angen cymorth ac amynedd gan eraill er mwyn iddyn nhw allu ymdopi – a hynny yn hytrach nag fel plant anfodlon oedd yn cambihafio trwy'r amser. Ac wrth iddyn nhw gael eu trin yn wahanol, mae hynny wedi eu helpu i ddysgu ac i brifio. Fe fyddwn yn annog unrhyw un i gael diagnosis i'w plant. Er nad oes gwir angen un er mwyn derbyn cymorth ar gyfer anghenion ychwanegol tra bod plentyn mewn addysg, gall y darn bach hwnnw o bapur fod yn werthfawr iawn yn y dyfodol, tra bydd bod hebddo yn ei gwneud hi'n fwy anodd o lawer i ennill yr hawl i'r addasu fydd ei angen pan fyddan nhw'n oedolion. Ydi, mae'n 'label', ond mae'n rhan o hunaniaeth unigolyn, a gyda hunanddealltwriaeth daw hunan-dwf a'r gallu i ymdopi yn llawer gwell. Mae hynny'n gam pwysig tuag at annibyniaeth a dyna, wedi'r cyfan, yw ein dymuniad ni – fel pob rhiant – a'n gobaith ar gyfer ein plant.

Gyda'r diagnosis, fe ddechreuon ni baratoi ar gyfer yr ysgol uwchradd ddwy flynedd ymlaen llaw, gan drafod gyda'r cyswllt anghenion addysg ychwanegol a gweithiwr cymdeithasol er mwyn datrys y ffordd orau i ymateb i anghenion y plant. Dechreuon nhw yn yr ysgol uwchradd yn 2021, pan oedd pandemig Covid yn dal i gael effaith sylweddol ar fywyd. Ond fe fu'r cyfyngiadau ar symud dosbarth a chymysgu gyda phobl yn fuddiol iawn yn ein hachos ni, gan roi'r cyfle i'r bechgyn ymdopi yn ara deg â'r newid aruthrol hwn, a setlo mewn i'r ysgol yn llawer haws nag y bydden nhw wedi'i wneud fel arall.

Mae newid gweithgaredd yn broblem fawr i bobl awtistig, ac fe ddysgon ni fod angen i ni eu paratoi ar gyfer unrhyw newidiadau sylweddol neu darfiadau i'r drefn arferol ymhell cyn y digwyddiad ei hun. Drwy drafod beth fyddai'n wahanol, a chaniatáu digon o amser rhwng gweithgareddau, mae'n rhoi amser iddyn nhw brosesu a derbyn y newidiadau hyn.

Yr un pryd â derbyn diagnosis, fe symudon ni dŷ, oedd yn eu galluogi nhw i gael llofft yr un. Mae gofod yn help i leddfu pan maen nhw'n gorgyffroi neu'n gorflino, er na wellodd yr ymddygiad yn syth; roedd yn newid mawr a chymerodd gryn amser i setlo lawr, ond wedi ychydig fisoedd fe sylwon ni ar newid aruthrol. Drwy gael eu hogof fach eu hunain i ddianc iddi, lleddfodd y gwrthdaro. A phan ddechreuon nhw feicio i'r ysgol fe ddaeth newid mawr. Roedd hyd yn oed yr athrawon yn gallu gweld gwahaniaeth yn eu hymddygiad, rhwng diwrnod oedd wedi cychwyn gydag awyr iach ac ymarfer corff ac un lle roedd rhaid dod yn y car am ryw reswm neu'r llall. Felly fe ddalion ni ati, ym mhob tywydd. Roedd yr effaith yn drawsnewidiol, bron, ac yn rhoi cyfle i'r bechgyn ymlacio a pharatoi yn feddyliol ar gyfer y newid o fod yn y cartre i fod yn yr ysgol.

Dydi pob ymgais i addasu ddim yn gweithio, ac mae cryn amser wedi mynd yn trafod strategaethau gyda'r ysgol i leihau gorbryder neu ymddygiad gwael oherwydd gorlethiad. Mater o brofi ac addasu agweddau yw hi. Mae rhai'n gweithio'n syth ac eraill ddim o gwbl. Er y cynnydd aruthrol ers eu geni, mae rhwystrau'n dal i'n hwynebu fel teulu o ran derbyn cefnogaeth ac agweddau ble bydd gwrthod cydnabod bod angen rhai addasiadau.

Roedd newid yn anodd yn llythrennol hefyd. Prin iawn y bydd y plant yn gwisgo'u dillad ymarfer corff yn yr ysgol am amryw o resymau. Mae sŵn plant eraill yn un ffactor ac mae'r prysurdeb gweledol a gorfod newid tasg yn eu gorstimiwleiddio, i'r graddau eu bod nhw'n rhewi a ddim yn cwblhau'r dasg. Ac mae hynny'n gallu digwydd petaen nhw eisiau newid dillad, gan ei fod yn wahanol i'r arfer a gall fod sawl rheswm sensori dros beidio â bod eisiau gwisgo dilledyn, ond bod hwnnw ddim yn rheswm y gallan nhw ei gyfathrebu'n hawdd. Dillad ysgol sy'n cael eu gwisgo yn yr ysgol, ac mae'n gas ganddon ni feddwl am unrhyw ddiwrnod pan mae disgwyl gwisgo fyny, neu unrhyw beth sy'n wahanol i'r arfer.

Mae anawsterau cyfathrebu nid yn unig ynghlwm â siarad, ond hefyd o ran sgwennu, ac maen nhw gymaint tu ôl i'w cyfoedion o ran hynny. Er trio amryw o bensiliau a beiros, a'u haddasu i'w gwneud yn haws i'w dal, roedd yr ymateb wastad yr un peth: 'Mae'n brifo fy llaw'. Dim syndod felly bod y bechgyn mor anfodlon sgwennu gair. Fu Covid yn ddim help chwaith. Wedi cyrraedd yr oedran pan o'n i'n cofio fy hun yn dysgu sgwennu clwm yn yr ysgol, roedd yn gyfnod clo a doedd dim gobaith y bydden nhw'n gwneud dim byd ro'n i'n ei awgrymu wrth geisio eu hannog i sgwennu'n daclusach. Os nad ydyn nhw'n gweld rheswm 'pam', does fiw gofyn iddyn nhw wneud dim. Er bod hyn yn andros o rwystredig, alla i ddim achwyn gormod, gan 'mod i'n euog o fod yn union 'run peth… Er mwyn gwella eu hysgrifen, fe drois i at *painting by numbers* hyd yn oed, gan geisio troi'r broses o ddatblygu rheolaeth a chydgysylltiad gwell gyda'u dwylo yn un fwy hwyliog. Ond poenus fu'r profiad hwnnw hefyd, yn frwydr ddi-baid gyda'r perffeithydd ynddyn nhw. Os nad oedd rhywbeth yn cyrraedd eu safonau disgwyliedig, byddai'n cael ei sgrynsio'n belen neu ei sgriblo nes bod twll yn y papur.

Doedd ceisio teipio ddim llawer gwell, â'r pwysau yn gwagio'u pennau wrth iddyn nhw wynebu darn gwag o bapur a'r gorchymyn i ddychmygu rhywbeth a sgwennu stori, neu'n waeth fyth, i ddychmygu sut oedd cymeriad arall yn teimlo a smalio sgwennu dyddiadur. Ac mi wn i yn union sut o'n nhw'n teimlo. Mi wn i, gan 'mod i'n cofio'n iawn sut y byddwn yn yr ysgol gynradd yn eistedd yno'n pryderu am dros hanner awr, yn crafu o gwmpas fy meddwl am syniad tra byddai'r plant eraill yn y dosbarth yn mynd ati i sgriblo'u syniadau i lawr yn frwd. A mwyaf y pwysau, mwyaf amharod oedd y geiriau i ddod i 'mhen, a hyd yn oed pan oedden nhw'n dod, ro'n innau'n amharod i'w nodi rhag eu cael yn anghywir, a minnau erbyn hyn mor hunanymwybodol.

Diolch byth felly eu bod mor frwd i wneud mathemateg. A bu symud i fyny i wneud gwaith rhifedd anoddach yn hwb mawr i'w hyder pan gawson nhw gyfle. Roedd hefyd yn help mawr iddyn nhw ddod i adnabod athrawon eraill, gan y byddai'n cymryd amser iddyn nhw ddod i arfer ag amgylchiadau newydd a phobl wahanol. Er eu bod mewn ysgol fach, gyda dwy flwyddyn ym mhob dosbarth, mi gymerai'r flwyddyn gyntaf iddyn nhw ymdopi â dosbarth newydd, ac mi fydden nhw'n setlo mewn jest mewn pryd i orfod newid unwaith eto.

Er yr holl gynnydd rydyn ni wedi'i wneud fel teulu, mae bywyd â phlant awtistig yn dal i allu bod yn andros o rwystredig. Gyda bwyd, roedd yn broses araf oedd angen amynedd wrth i ni drio amrywiaeth o fwydydd, ond wedi sawl blwyddyn ro'n nhw yn barod i fwyta cyrri, er enghraifft. Maen nhw'n bwyta ystod go eang erbyn hyn ond mae'r rhain yn fwydydd penodol ac mae gwead y bwyd yn bwysig iddyn nhw. 'Dan ni'n eitha sicr mai'r rheswm eu bod nhw'n mwynhau amrywiaeth o fwydydd, o bersbectif awtistig, yw ein defnydd o *baby-led weaning*. Drwy adael i'r babis fwydo eu hunain a fforio'r gweadau, y blasau a'r arogleuon gwahanol ar eu liwt eu hunain, gan adael iddyn nhw reoli eu cyrff, maen nhw wedi bod yn fwy parod i drio pethau newydd. Maen nhw'n dal yn gyndyn iawn i drio unrhyw beth gwahanol, felly anaml y byddwn ni'n bwyta allan, ac mae teithio dramor lle mae'r bwydydd a'r gweadau'n wahanol yn gallu achosi rhwystredigaeth a straen sylweddol.

Gwaith caled yw cymdeithasu. Ychydig iawn o ffrindiau sydd gan y plant. Roedd hyn yn rhywbeth oedd yn glir pan ddechreuodd y ddau yn y feithrinfa, ond gydag efeilliaid mor glwm i'w gilydd, mae'n anodd gwybod a fyddai'r sefyllfa wedi bod yn wahanol heb ffrind gorau wrth law 24 awr y dydd. Mae'n gwestiwn sy'n peri penbleth fel cath Schrödinger, ond o fy safbwynt i dydi sgwrsio ddim yn rhywbeth sy'n dod yn naturiol, a thu allan i'n swigen baradwysaidd (ar adegau) ni'n pedwar, prin iawn y bydd y geiriau'n llifo. Mae'n fraint mor werthfawr i gael y bobl yma o 'nghwmpas sy'n fy nallt mor dda – er cyn lleied ohonyn nhw sydd o fewn ffiniau ein cartre bach ni – ac rydyn ni'n gallu ymlacio a malu awyr, heb feirniadaeth, heb ofn nac amheuaeth.

Credwch neu beidio, fe fues i'n gweithio mewn canolfannau galwadau ffôn, ac fel derbynnydd tra 'mod i yn y brifysgol, ac roedd dilyn sgript yn hanfodol er mwyn gallu cwblhau'r gwaith. Ond ro'n i'n arfer yfed llawer gormod, fel ffordd o ymdopi ac i 'ngalluogi i i gymdeithasu, ac yna fel ffordd i 'ddiffodd' ac ymlacio ar ôl diwrnod o waith mewn swyddi oedd yn rhoi llawer gormod o bwysau cyfathrebu arna i. Dwi'n gobeithio, wrth gydnabod nodweddion fy nghymeriad, neu fy awtistiaeth (mae'r ddau beth yn un yn fy meddwl i), y galla i helpu fy mhlant i osgoi gwneud yr un camgymeriadau. Braint ydi byw mewn cyfnod lle mae'r ymchwil i awtistiaeth a niwroamrywiaeth, a'r gallu i rannu profiadau yn y cyfryngau ac ar y we, yn ysgogi twf yng ngallu cymdeithas i dderbyn ac i ddeall beth yw ystyr bod yn wahanol.

'Autism is as much a part of
humanity as is the capacity to dream.'

Kathleen Seidel

Dwi'n iawn fel ydw i

VICKY POWNER

Awtistiaeth – mae'n air mae pobl yn fwy ymwybodol ohono erbyn hyn. Tua phum mlynedd yn ôl, yn 2020, wnes i ddechrau amau fy mod i'n awtistig. Dyma lle ddechreuodd fy nhaith ymchwil bersonol. Ro'n i wedi dod yn ffrindiau gyda chwpwl oedd yn byw yn Lloegr. Roedd tri o blant gyda nhw a dau o'r rheini yn awtistig: un yn ferch ac un yn fachgen. Y mwyaf ro'n i'n dod i adnabod y teulu, a'r mwyaf o amser ro'n i yn eu cwmni, y mwyaf sicr o'n i bod fy ffordd i yn debyg iawn i ffordd y ddau blentyn. Felly, dechreuais i ysgrifennu rhestr o bob nodwedd awtistig oedd yn gysylltiedig â fi ar nodiadau fy ffôn. Fe dyfodd y rhestr yn gyflym ofnadwy! Roedd yn gyfnod llawn cwestiynau, ond eto yn un oedd yn gwneud cymaint o synnwyr. Y mwyaf o'n i'n dysgu, y mwyaf roedd pethau'n cwympo i'w lle.

Yn ystod y cyfnod ymchwil, tua Chwefror 2022, fe wyliais i'r rhaglen *Paddy and Christine McGuinness: Our Family and Autism* ar y BBC. Mae ganddyn nhw dri o blant awtistig, ac erbyn diwedd y rhaglen roedd Christine wedi cael diagnosis hefyd. Yn dilyn hynny, ces i fy ysbrydoli i fynd at y meddyg i drafod diagnosis personol.

Ces i sgwrs gyda'r meddyg ac esbonio, gyda help fy rhestr, pam ro'n i'n meddwl fy mod i'n awtistig. Roedd y sgwrs yn un bositif ac, o ganlyniad, dyma'r meddyg yn fy atgyfeirio at y Gwasanaeth Awtistiaeth Integredig (GAI), er iddo fy rhybuddio bod y rhestr aros yn un hir. O fewn pythefnos ces i ffurflen trwy'r post oddi wrth GAI – cyfle i gyflwyno cymaint o wybodaeth â phosib ar bapur am pam ro'n i'n meddwl fy mod i'n awtistig. Un o nodweddion adnabyddus awtistiaeth – a dwi'n sicr yn euog o hyn – yw gorffocysu ar bethau, yn enwedig ar bwnc arbenigol. Wrth gwrs, ar ôl gwneud cymaint o ymchwil, awtistiaeth oedd fy mhwnc arbenigol! Felly, roedd y ffurflen yn llawn yn mynd yn ôl!

Bues i'n aros am rai misoedd wedyn, ond y mwyaf ro'n i'n dysgu amdanaf fy hun, y mwyaf ro'n i'n sylwi ar fy anghenion – pethau ro'n i wedi bod yn eu 'mygydu' tan hynny. Erbyn hyn, ro'n i'n dechrau deall pwy o'n i ac felly do'n i ddim yn teimlo bod angen cuddio fy anghenion bellach. Fe ddechreuais i sefyll lan drosto fi'n hun, bod yn oronest, achos dyna oedd yn naturiol i fi – a pham ddim? Mae gonestrwydd yn beth da, on'd yw e? Ydi… gan amlaf. Ond dydi rhai ddim yn ei hoffi, achos mae'n gallu golygu bod eraill yn cael eu dal allan yn dweud celwydd, neu heb wneud rhywbeth ro'n nhw i fod i'w wneud, ac yn y blaen.

Ro'n i'n fwy ymwybodol erbyn hyn fy mod i'n gweld fy ngwaith fel athrawes yn anodd, ac er nad awtistiaeth oedd yr unig beth oedd ar fai, yn sicr roedd rhai o'r nodweddion yn gysylltiedig. Felly, fe benderfynais i gysylltu â'r GAI a threfnu cyfarfod am sgwrs. Roedd y gwasanaeth yma ar gael i bobl ar y rhestr aros oedd angen cymorth, eisiau sgwrs neu am holi cwestiwn tra eu bod nhw'n aros am asesiad. Roedd y sgwrs hon yn meddwl cymaint – cyfle i siarad â pherson proffesiynol oedd yn deall, ond hefyd rhywun oedd yn awtistig ei hun. Fe wnaeth y sgwrs gymaint i fy nilysu i! Rhywbeth nad o'n i wedi'i deimlo ar y lefel yma o'r blaen. Ar ddiwedd y sgwrs, yn ôl y ddwy fues i'n siarad â nhw, ro'n i wedi dweud rhai pethau oedd wedi gwneud iddyn nhw deimlo ei bod hi'n bwysig ceisio fy ngwthio i i fyny'r rhestr aros. Yn sgil hynny, daeth tipyn o euogrwydd – dim dyma pam wnes i gysylltu â nhw! Er hyn, rhai wythnosau wedyn, ges i gadarnhad fy mod i wedi cael fy symud i fyny'r rhestr ac o ganlyniad i hynny, ro'n i'n un o'r rhai lwcus. Fe ges i ddiagnosis o fewn blwyddyn i weld y doctor am y tro cyntaf.

Cyn hir, fe ddaeth mwy o ffurflenni trwy'r post – un arall i fi ei llenwi ac un i aelod o'r teulu / hen ffrind (hynny yw, rhywun oedd yn fy adnabod pan o'n i'n blentyn). Ar ôl llenwi'r ffurflenni yma a'u hanfon nhw 'nôl ym mis Ionawr 2023, ces i apwyntiad trwy'r post am asesiad ffurfiol ym mis Chwefror. Fe ddaeth ffrind gyda fi i'r asesiad ac roedd yn rhaid i mi ateb llawer o gwestiynau yn ystod y sesiwn. Roedd yn agoriad llygad mawr iddi weld yr hyn o'n i'n gorfod delio ag e o ddydd i ddydd.

Ces i alwad ffôn tua phythefnos wedi'r asesiad yn cadarnhau'r diagnosis ond, yn ôl y person yma, mi fyddai'n dri mis arall cyn y byddai'r adroddiad ei hun yn barod. Fe aeth dros chwe mis heibio mewn gwirionedd, a hynny dim ond achos fy mod i wedi cysylltu i ofyn pryd y byddwn yn ei dderbyn. Yn ôl y sôn, fy adroddiad i oedd y nesaf ar y rhestr(!) ac fe dderbyniais ef yn y post tua deg diwrnod yn ddiweddarach. Er hynny, doedd e ddim yn broffesiynol iawn, yn fy marn i. Roedd gwallau iaith di-ri ynddo: roedd yr enw anghywir mewn un man ac fe ges i fy ngalw yn 'he/him' mewn sawl lle yn hytrach na 'she/her'. Felly, ar ôl aros cymaint o amser, a gorfod stryffaglio'n gyson gyda'r nodwedd awtistig o fod angen cyfiawnder o hyd, ro'n i'n grac gyda'r adroddiad yn ei gyfanrwydd. Fe wnes i godi rhai pethau gyda'r person wnaeth ysgrifennu'r adroddiad ond gan mai hi oedd fy swyddog cyswllt i o hyn ymlaen, do'n i ddim yn teimlo y gallwn i ddweud popeth oedd ar fy meddwl, achos gallai hynny roi straen ar ein perthynas broffesiynol yn y dyfodol. Felly, hyd heddiw, mae dal i fod gwallau iaith dros y lle ar yr adroddiad!

Yn anffodus, ar ôl yr alwad ym mis Chwefror, nid oedd cefnogaeth o unrhyw fath – gadawyd fi i weithio'r camau nesaf allan drosto fi'n hun. Er fy mod i'n gwybod pwy o'n i nawr, wnaeth hyn ddim gwneud pethau'n haws o bell ffordd. Os rhywbeth, roedd yn anoddach. Ro'n i'n deall pwy o'n i, ro'n i'n derbyn pwy o'n i, ond beth nesaf? Dweud wrth bobl? Cynnal sgyrsiau am hyn gyda theulu neu ffrindiau? Chwilio am gymorth? Chwilio am bobl 'fel fi'? Gwneud mwy o ymchwil?

Ond cyn meddwl am hyn i gyd, roedd angen delio â'r holl emosiynau a ddaeth yn sgil derbyn cadarnhad am y diagnosis – rhyddhad, dicter, tristwch, unigrwydd, rhwystredigaeth, dryswch, hapusrwydd i enwi ond rhai! Ond sut o'n i i fod i brosesu'r emosiynau hyn pan nad oedd neb wir yn deall beth o'n i'n trio ymdopi ag e? Roedd e'n gyfnod anodd ond dwi wedi gallu derbyn y diagnosis yn fwy a mwy gyda phob dydd sy'n dod.

Mae llawer mwy o ymwybyddiaeth am niwroamrywiaeth y dyddiau hyn ac mae nifer fawr o fenywod yn dechrau ailystyried pwy y'n nhw o achos hynny. Blwyddyn ar ôl y diagnosis, ro'n i wedi cwrdd â llond llaw o fenywod awtistig eraill ond, heblaw am un, doedd dim un ohonyn nhw'n dod o gefndir Cymreig nac yn siarad yr iaith. Roedd trafod yr heriau, y cryfderau, y gwahaniaethau a'r emosiynau sy'n dod gydag awtistiaeth yn helpu'n fawr wrth brosesu pwy o'n i, ac er bod gwneud hynny'n Saesneg ddim yn broblem am fy mod yn ddwyieithog, ro'n i'n gwybod y gallai adnabod a thrafod fy mhrofiadau gyda phobl debyg, yn fy mamiaith, wneud byd o les i fi fel unigolyn.

Fe wnes i ychydig o ymchwil, ond doedd dim llawer o gymorth yn Saesneg i fenywod 'fel fi', heb sôn am gymorth yn y Gymraeg!

Ar ôl sylweddoli bod Non a finnau wedi cael diagnosis tua'r un pryd, fe benderfynon ni gwrdd am sgwrs. Roedd siarad â hi fel cael sgwrs gyda fi'n hun yn y drych! Ro'n i'n teimlo mor ddilys ac mi fydda i'n ddiolchgar iddi am byth am sut y gwnaeth hi i fi deimlo'r diwrnod hwnnw, er efallai ei bod hi ddim yn sylweddoli faint o wahaniaeth wnaeth hi i fy mywyd i. Fe gawson ni sgyrsiau ar ôl hynny hefyd a bob tro ro'n i'n siarad â hi, neu'n cwrdd â hi, ro'n i'n teimlo'n fwy hyderus am bwy ydw i. Yn deall 'mod i ddim ar fy mhen fy hun a 'mod i'n iawn fel ydw i! (Diolch, Non!)

Mae dod o hyd i fy ffordd fel person awtistig wedi bod yn anodd. Dwi wedi ceisio 'mygydu' llai a bod mwy fel fi, rhoi'r gorau i guddio pwy ydw i a cheisio bod mwy fel y fi go iawn. Yr un sy'n gallu bod yn ddoniol, yn hyderus, yn *quirky* a sydd ddim yn gofidio am beth mae pobl eraill yn feddwl. Haws dweud na gwneud, wrth gwrs, ac i ddweud y gwir, trwy fod yn fwy *authentic*, yn fwy fy hun, dwi ddim yn gweithio mor galed i blesio pawb arall o hyd. Os oes angen amser tawel, dwi'n cael hwnnw. Os yw hynny'n golygu peidio â chysylltu â phobl dros y ffôn cymaint ag o'n i arfer gwneud, er mwyn gallu prosesu a derbyn fy mywyd personol i, yna dwi'n ceisio peidio â theimlo'n euog am hynny. Ond, yn anffodus, wrth wneud hyn, dwi wedi colli sawl person oedd yn fy mywyd cyn y diagnosis. Er 'mod i ddim wedi cael sgwrs uniongyrchol gyda neb am y golled hon, dwi'n gwybod yn iawn beth yw'r rheswm pennaf am hyn. Bellach, dwi ddim yn rhoi cymaint o amser iddyn nhw achos ei fod yn fy mlino'n rhwydd ac yn cael effaith enfawr ar y rhan deimladwy ohona i, ac mae hyn yn golygu fy mod i'n gorlethu'n gyflym. Dyw hyn ddim yn iach i fi. Dwi'n deall hynny nawr a does dim byd yn bod ar roi fy hun yn gyntaf. Mae ond yn drueni bod yr unigolion hyn heb gwestiynu'r newid yn fy ymddygiad – pam nad oeddwn i mewn cyswllt mor aml bellach? Pam nad oeddwn mor awyddus i gwrdd? Pam oeddwn i'n dawelach yn gyffredinol erbyn hyn? Byddwn i wedi bod yn fwy na hapus i esbonio'r newid er mwyn iddyn nhw fy neall a fy nerbyn i yn well, ond weithiau, mae rhywbeth fel hyn yn gwneud i chi sylweddoli pwy sydd wirioneddol yn eich derbyn a phwy sydd wedi cymryd mantais o'ch caredigrwydd chi yn y gorffennol. Dyw'r broses heb fod yn wael i gyd achos mae sawl person wedi dechrau gweld yr ochr bositif ohona i, yr un ddoniol, yr un sy'n llawn drygioni – ac os rhywbeth, maen nhw'n hoffi'r person yma yn fwy na'r un oedd yn cuddio tu ôl i fasg, yn bihafio fel o'n i'n meddwl bod cymdeithas eisiau i mi fihafio – y ferch fach dawel, yr un dda oedd yn dilyn y rheolau i gyd. Dwi hefyd wedi dechrau creu ffrindiau newydd. Rhai sy'n fy neall i.

Ar ddechrau 2024, ces i sgwrs gyda gwirfoddolwraig o Meddwl.org ac fe fuon ni'n trafod y ffaith bod dim cymorth ar gael yn y Gymraeg i bobl awtistig. Soniais i faint o les fyddai hynny wedi'i wneud i fi fel unigolyn. Byddai'n sicr wedi helpu gyda'r ymdeimlad o berthyn i gymuned o bobl debyg i fi. Yn dilyn y sgwrs, fe benderfynon ni greu grŵp ar Facebook – Merched Awtistig Cymraeg – ac mae'r ddwy ohonon ni erbyn hyn yn rhedeg y grŵp a sicrhau ei fod yn lle diogel lle gall Merched Awtistig Cymraeg rannu profiadau, gofyn cwestiynau a dod i adnabod menywod eraill sydd 'fel ni'.

Mae'r grŵp yn tyfu yn araf bach yn wythnosol ond dyw'r grŵp ddim wedi ei greu ar gyfer niferoedd mawr – yn syml, mae e ar gyfer y bobl sydd ei angen! Mae'r sgyrsiau o fewn y grŵp yn berthnasol, yn codi hyder ac yn gwneud i bobl deimlo eu bod nhw ddim ar eu pennau eu hunain. Ac mae'n gweithio! Mae unigolion yn magu hyder wrth i'r wythnosau fynd yn eu blaen, ac mae hynny'n braf ofnadwy i'w weld. Rwy'n teimlo'n falch iawn o'r hyn ry'n ni wedi ei greu ac yn gobeithio y bydd y grŵp yn helpu mwy o fenywod sydd ar eu taith awtistig yn y dyfodol.

Mae'r grŵp yn benodol i ferched (gan gynnwys

merched/menywod traws a'r rheini sy'n anneuaidd) sydd yn awtistig – sydd wedi cael diagnosis, sydd yn y broses o gael diagnosis neu sydd wedi gwneud hunanddiagnosis. Mae'n rhaid iddyn nhw allu siarad Cymraeg ond mae croeso i ddysgwyr hefyd, wrth gwrs.

Os yw'r grŵp yn swnio fel lle diogel i chi fel unigolyn, yna dewch i ymuno â ni, bydd croeso mawr i chi.

Erbyn hyn, dwi wedi siarad yn gyhoeddus am awtistiaeth a'r grŵp gafodd ei greu ar y radio, ar S4C ac wedi ysgrifennu blog. Dwi'n teimlo ei bod yn bwysig iawn i godi ymwybyddiaeth ar y cyfryngau cymdeithasol. Mae rhai pobl yn ymateb i'r pethau dwi'n eu postio, dyw rhai ddim. Mae hynny'n gallu bod yn anodd hefyd, achos y pethau mae pobl yn ymateb iddyn nhw yw'r rhai positif, nid realiti byw fel person awtistig – a dwi eisiau codi mwy o ymwybyddiaeth am hyn.

Er y gall fod yn rhwystredig, dwi wedi profi i mi fy hun mor bwysig yw rhannu gwybodaeth, fideos ac ati. Mae sawl person wedi cysylltu â fi yn breifat achos y pethau dwi wedi eu rhannu, am eu bod wedi sylweddoli eu bod nhw'n awtistig, neu bod rhywun maen nhw'n ei nabod wedi cael diagnosis, neu weithiau am fod beth dwi wedi ei rannu wedi eu syfrdanu nhw a'u bod nhw eisiau cydnabod eu bod yn gwerthfawrogi'r pethau hyn ac yn dysgu cymaint am awtistiaeth – boed yn rhywbeth negyddol neu'n rhywbeth positif. Ac mae hynny'n gwneud y cwbl yn werth chweil.

Mae hyn yn gwneud i fi deimlo fy mod i'n gwneud gwahaniaeth, ac os dwi wedi gallu helpu un person, yna dwi wedi helpu i wneud bywyd y person yna yn haws. Ac mae hynny'n golygu bod fy ngwaith caled i YN gwneud gwahaniaeth i eraill.

'ADHD is not a disability,
it's a different ability.'

Dr Edward M. Hallowell

Y geiniog yn disgyn

BRONWEN LEWIS

Do'n i ddim wedi amau o gwbl fod gen i ADHD tan i fi glywed y rhaglen ar Radio 2 am ADHD mewn menywod – o'n i wastad yn meddwl bod ADHD (sef anhwylder diffyg canolbwyntio a gorfywiogrwydd) fel bod yn *Tasmanian devil* trwy'r amser ac o'n i ddim wastad fel hynny.

Pan o'n i'n clywed y menywod yn siarad, roedden nhw'n swnio fel fi ac roedd eu profiadau bywyd nhw yn debyg i fy rhai i. Dechreuais i grio yn y car. Roedd e fel y geiniog yn disgyn – o'r diwedd dwi'n gwybod pa lwybr i'w ddilyn achos mae hwnna'n swnio fel fi.

Diagnosis hwyr

Dwi'n credu bo fi'n un o'r rhai lwcus achos pan wnes i tweetio am y profiad roedd pobl yn dweud, 'ges i ddiagnosis yn 58 oed' neu'n 30 oed – roedd lot o bobl yn hŷn na fi yn cael diagnosis. Ac yn enwedig menywod achos mae menywod yn dda am fasgio ADHD.

Byddai bod yn blentyn a mynd trwy TGAU a Lefel

A wedi bod yn lot haws os bydden i'n gwybod sut oedd fy ymennydd i'n gweithio. Roedd profiadau'r menywod ar y radio yn debyg i fy rhai i o ran delio 'da pethe yn yr ysgol ac yn y gwaith – o'n i ddim yn gwybod bod bod yn freuddwydiol yn rhan fawr o ADHD. Roedd pawb yn fy ngalw i'n *daydreamer* yn yr ysgol a doedd athrawon ddim yn gwybod pam bo fi ddim yn ffocysu. O'n nhw'n meddwl bo fi'n *rude* neu'n ddiog – ond wrth gwrs, ADHD oedd e. Hefyd mae cysylltiad rhwng epilepsi ac ADHD a ges i epilepsi yn blentyn.

Mae rhywbeth o'r enw *Rejection Sensitive Dysphoria* (RSD) gydag ADHD a phob tro mae rhywun yn rejectio fi mewn sefyllfa waith neu fel ffrind, mae e'n ofnadwy i fi. Mae hwnna yn anodd pan chi mewn sefyllfa waith yn y cyfryngau neu'r byd cerddorol achos mae *rejection* yn digwydd trwy'r amser, ac o'n i ddim yn gwybod pam o'n i mor sensitif iddo fe. Oedd lot o ddagrau.

Gor-ddweud

Mae lot o bethau gwahanol yn rhan o ADHD ac mae *oversharing*, neu or-ddweud pethau wrth bobl, yn un arall ohonynt. Bydda i'n cwrdd â rhywun mewn tafarn unwaith a dweud fy holl *life story* i er bo fi ddim yn nabod nhw – o'n i'n mynd i drwbl ar lwyfan am ddweud pethe dylen i ddim.

Hefyd dwi'n stryglo i ymlacio'n llwyr – dwi ffaelu gwylio rhaglen deledu i'r diwedd. A dwi wastad yn ysgrifennu *lists* ar gyfer popeth – *lists* ar gyfer ffrindie neu pryd mae rhaid fi fynd i'r gawod yn y bore. Os dwi ddim yn ysgrifennu fe lawr fydda i ddim yn neud e.

Dwi wastad yn hwyr i bopeth er bo fi yn trio bod ar amser. A dwi'n gallu siarad dros bobl – os oes 'da fi rywbeth i ddweud, mae'n rhaid i fi ddweud be sy ar fy meddwl achos mae'n mynd mas o'r meddwl yn eitha clou – mae'n gallu bod yn *annoying* i bobl. Mae fel *impulse* ac mae *impulsive behaviour* yn rhan fawr o ADHD. Dwi'n llawn tatŵs ac mae hwnna'n rhan ohono fe hefyd – cymryd risgs ac *impulsivity*.

Meddyginiaeth

Ar ôl cael y diagnosis, y cam nesa yw meddyginiaeth os chi moyn. Dyw meddyginiaeth ddim yn cymryd i ffwrdd y ffaith bo fi'n eitha ecsentrig ac yn llawn egni achos wrth gwrs, mae hwnna'n rhan fawr o 'mhersonoliaeth i ar y llwyfan.

Maen nhw'n disgrifio'r feddyginiaeth fel rhoi dy ymennydd mewn *filing cabinet*. Mae pobl yn disgrifio ymennydd ADHD fel cyfrifiadur gyda 30 tab ar agor ac maen nhw i gyd yn chwarae rhyw fath o gerddoriaeth ac yn siarad 'nôl â ti – mae e'n *chaotic* a lot yn mynd ymlaen. Beth mae meddyginiaeth yn gallu neud yw tynnu hwnna lawr i un tab ar y tro – fel bo ti'n gallu ffocysu ar un peth ar y tro.

Newid bywyd

Ges i *depressive episode* yn 23 oed ac yn syth 'nath y doctor roi *antidepressants* i fi, ac oedd hwnna yn erchyll. 'Nath yr *antidepressants* newid fy mhersonoliaeth i'n llwyr – o'n i ddim moyn perfformio na mynd mas o'r tŷ. Gobeithio bydd y feddyginiaeth 'ma lot mwy *in tune* 'da beth sy isie arna i.

Mae e wedi newid fy mywyd i – dwi heb gael diwrnod *depressive* na diwrnod llawn *anxiety* ers i mi ddechre'r broses o gael y diagnosis. Dwi'n gwybod beth yw'r *triggers* nawr a dwi'n gwybod sut mae fy ymennydd i'n gweithio.

Cyn hynny o'n i'n mynd mewn i bopeth yn ddall ac yn teimlo'n grac gyda fy hun am flynyddoedd – pam fi ffaelu neud hyn, pam mae hwn yn ypsetio fi? Nawr dwi'n gallu siarad 'da pobl dwi'n gweithio gyda nhw ac esbonio fod ADHD 'da fi. Dwi moyn trio neud pethau fel pawb arall ond os dyw e ddim yn gweithio, mae'n rhaid cael *plan B*.

Ar ôl y diagnosis o'n i'n teimlo mor hapus a *relieved* ond dwi wedi cael amser i feddwl am yr amser dwi wedi'i golli fel plentyn ac oedolyn, ddim yn gwybod pwy oedden i. Ges i gwpwl o ddiwrnodau yn teimlo'n grac bod neb wedi'i weld e – pam doedd neb wedi'i weld e? Dwi wedi colli lot o amser yn meddwl bo fi'n dwp neu'n ddiog – hwnna oedd yn anodd.

Mae'n dda bod y cyfryngau yn siarad gyda menywod fel

fi a gobeithio bydd menywod gartre yn gallu adnabod yr un symtomau.

(Cyhoeddwyd gyda chaniatâd BBC Cymru Fyw)

'Remember that you are not alone.
There are others going through the same thing.'

Adam Levine, prif leisydd Maroon 5

Wrth ei bwysau ei hun

CARYL PARRY JONES

'Oes 'da chi unrhyw syniad be alle fe fod?'

'Wel yn fy oriau isaf, tywyllaf, mae'r gair awtistiaeth wedi croesi fy meddwl i.'

'Hmmm, yn sicr mae gan Moc nodweddion sy'n cyfateb i awtistiaeth. Mae'n golygu na fydd o'n gallu gwneud ffrindiau yn hawdd.'

Mae geiriau'r Seicolegydd Plant yn dal i frifo bum mlynedd ar hugain yn ddiweddarach – methu 'gwneud ffrindiau yn hawdd'? Byddai 'ar ei hôl hi o ryw flwyddyn' wedi bod yn garedicach. Neu 'Bydd mathemateg yn anodd iawn iddo fe'. O leia gallwn i feio fy ngwendidau mathemategol *i* am hynny. Ond methu 'gwneud ffrindiau'?

Ein ffrindiau oedd ein teulu ni, gan ein bod ni'n byw mor bell i ffwrdd o'n teuluoedd gwaed. Roedden ni wedi creu perthnasau gwerthfawr, cadarn a thriw yn ein cylch cyfeillion. Rhai oedd yno i ni, a ninnau iddyn nhw – drwy bopeth. Be fyddai bywyd ein mab annwyl, diniwed, cymhleth heb ffrindiau?

Ond roedd hi'n iawn, yn enwedig yn ystod ei ddyddiau ysgol. Yn yr ysgol gynradd roedd o'n cael ei ystyried yn od, yn wahanol. Doedd o ddim yn cicio pêl fyth a hefyd, doedd o ddim yn swnllyd, yn rhedeg o gwmpas y lle fel peth gwyllt, yn ysu i gael gwared ar yr egni oedd wedi cronni ar ôl cael ei orfodi i eistedd mewn stafell ddosbarth. Roedd o mewn bydysawd gwahanol, yn tynnu lluniau cartŵn yn lle ysgrifennu, yn cael trafferth deall cysyniadau, yn colli arni os nad oedd pethau'n UNION fel yr oeddan nhw yn ei feddwl unigryw ei hun.

Ac felly, roedd ffrindiau yn brin. Doedd o ddim yn cael ei gynnwys, ddim yn cael ei wahodd i bartïon, ddim yn 'gyfleus', ddim yn cydymffurfio.

Ddim yn 'normal'.

Roedd ei arddegau a'i lencyndod yn anodd hefyd. Roedd ysgol a phwysau i lwyddo mewn arholiadau, cydymffurfio, hormonau, cyd-fynd â'r norm yn affwysol. Byddai'n cyrraedd adre wedi blino'n rhacs a wedyn yn gorfod wynebu artaith gwaith cartref. Bu'n rhaid imi wneud cais iddo gael ei esgusodi o hwnnw am fy mod i'n teimlo bod ei ymennydd yn llawn ar ôl diwrnod ysgol. Roedd angen amser arno i ailwefru'r batris. Doeddwn i chwaith ddim yn teimlo'n gymwys fy hun i addysgu plentyn gydag anghenion ychwanegol. Mae hynny'n sgìl ynddo'i hun.

Ond wyddoch chi be? Ar waetha'r holl anawsterau roedd o'n eu hwynebu, gallwn weld bod ganddon ni fab cydwybodol, emosiynol, creadigol, cariadus, bonheddig a gweithgar. Roedd Moc yn datblygu i fod yn ddyn da, egwyddorol, annwyl ac mi roedd hynny'n werth y byd.

Roedd y gitâr yn achubiaeth – hynny a chlust gerddorol gryf – sy'n fy arwain at bwynt arall sy'n codi gwrychyn. Yr un cwestiwn sy'n codi pan mae rhai pobl yn deall ei fod yn awtistig. 'O! Be mae'n gallu'i wneud? Ydi o'n rhagori mewn rhywbeth?'

Y demtasiwn ydi ateb efo, 'Be, fel cyfri faint o fatsys sy mewn bocs jest wrth edrych arnyn nhw? Gwybod pryd fydd y bêl wen yn disgyn ar jacpot yr olwyn rwlét? Tynnu llun manwl o Fae Caerdydd ar ôl ei weld o unwaith?'

Nid Dustin Hoffman yn *Rain Man* ydi awtistiaeth. Mae 'na rai ar y sbectrwm yn debyg i'r cymeriad enwog hwnnw ond mae'r cyflwr yn cael ei alw'n 'sbectrwm' am reswm. 'Dan ni i *gyd* ar y sbectrwm, jest mewn safleoedd gwahanol.

Fe weithiodd Moc yn galed ar ei sgiliau gitâr, a phan aeth i Goleg Penybont i astudio cerddoriaeth boblogaidd enillodd enw gwych iddo'i hun fel offerynnwr dawnus. Fo oedd y dewis cyntaf os oedd angen trefnu caneuon, chwarae offerynnau neu fod yn aelod o fand.

'A! Dyna'i ddawn arbennig o, ie?'

Mi glywais i rywun yn dweud unwaith gyda gwên lydan: 'Mewn ffordd mae'n lwcus o'r awtistiaeth. Dwi'n nabod sawl un tebyg i Moc sy'n gerddorion gwych!' Iesu tirion, rho imi nerth! Mae tad Moc yn gerddor gwych ac yn gitarydd penigamp, mae'i fam yn gyfansoddwr, roedd ei daid yn gerddor, ei nain yn gantores, ei hen daid yn denor tan gamp, ei chwiorydd yn gerddorol. WRTH GWRS EI FOD O'N GERDDOR DA!

Ond ar ddiwedd ei gyfnod yng Ngholeg Penybont enillodd ddwy wobr – un am fod y disgleiriaf ymhlith myfyrwyr ei flwyddyn a'r llall, y wobr bwysicaf un, yn ei anrhydeddu fel y myfyriwr oedd wedi cyfrannu fwyaf yn ystod ei amser yno, nid yn unig fel cerddor, ond fel un oedd yn annog, helpu, cysuro a chefnogi ei gyd-fyfyrwyr. Nid ar gymwysterau'n unig y bydd byw dyn. Roedd hyn yn gyflawniad gwirioneddol ac yn dyst i gymeriad a rhuddin dyn ifanc oedd wedi brwydro trwy fywyd ers ei fod yn ddwy oed.

Cafodd gynnig diamod gan Brifysgol De Cymru i astudio Cerddoriaeth Boblogaidd a Thechnoleg. Profodd yr un mor ymroddgar, dyfeisgar a chydwybodol yn ystod ei dair blynedd yma hefyd, gan ddatblygu ei sgiliau byw a'i sgiliau cymdeithasol. Cyfyng oedd ei gylch ffrindiau ond fe wnaeth un neu ddau sy'n parhau i fod yn gyfeillion agos, agos. Gadawodd y coleg gyda chlod arbennig a gradd dosbarth cyntaf.

Swnio fel diwedd stori dylwyth teg, dydi? Roedd yn fuddugoliaeth bersonol anferth, does dim dwywaith, ond gydag amser roedd dreigiau eraill yn rhwystro'i ffordd trwy fywyd – iselder dwfn, gorbryder trwm, meddyliau ymwthiol brawychus, OCD, *panic attacks*, gorlwytho'r synhwyrau, gofidion am ei allu ei hun, ansicrwydd, anobaith.

Dyma wirionedd awtistiaeth. Does dim byd yn 'lwcus' am fod ar y sbectrwm. Mae Moc wedi cael ei gydnabod erioed fel un sydd â HFA (*high functioning autism*). Fe allai fyw'n hollol annibynnol ond iddo gael help efo llythyrau swyddogol a chyllidebu. Mae'n gogydd gwych, yn drefnus ei fyd, yn defnyddio trafnidiaeth gyhoeddus yn hollol iawn ac yn gobeithio pasio prawf gyrru yn y dyfodol agos. A dweud y gwir, byddai wrth ei fodd yn cael ei le ei hun ond mae stormydd ei fywyd wedi andwyo ei hunan-werth a'i hunanhyder. Mae o wir eisiau gweithio ond byddai'n rhaid iddo gael swydd fyddai'n siwtio ei feddwl o.

Rhwystredig iawn ydi gweld swyddi sy'n cael eu hysbysebu gan gwmnïau sy'n ymfalchïo bod ganddyn nhw bolisïau cynhwysol a chyfartal dim ond i weld bod angen profiad yn aml, neu nad oes ganddyn nhw gyfleoedd o gwbl am brentisiaethau neu fentora. Dw i a gweddill y teulu yn grediniol y gallai Moc fod yn gaffaeliad anferth i unrhyw gwmni, gyda'i natur ymroddgar ac annwyl, ond mae'n rhaid iddo fod yn y lle iawn o ran ei hyder a'i werth personol i hyd yn oed ddechrau chwilio am swydd. Mae'n rhaid i ni barchu hynny achos fedrwn ni ddim dechrau dychmygu sut mae ei feddwl o'n gweithio – mae'n swnllyd yna, mae'n llachar yna, mae yna ofynion diddiwedd arno. Mae'n rhaid i Moc fod yn barod am y cam nesaf a phan ddaw hynny mi fydd o'n rhoi popeth sydd ganddo i sicrhau ei fod o, a'i feddwl, yn hapus yno.

A ffrindiau? Oes, mae ganddo ffrindiau lawer ar hyd a lled y byd, diolch i'r rhyngrwyd. Ffrindiau o'r un anian, ffrindiau â'r un diddordebau, ffrindiau â'r un pryderon. Mae ganddo gymuned a diolch am hynny. Rhwng ei stafell wely a'r ether mae 'na gysur, sgwrs, trafodaeth, hwyl, rhannu baich.

Ond yn bwysicach falle, mae Moc yn ddedwydd iawn yn ei gwmni ei hun. Mae'n mynnu llonydd oddi wrth gleber swnllyd gweddill y byd ac yn cilio. Mae'n ddigon hapus i eistedd mewn tafarn yn mwynhau pryd o fwyd a phanad i un, yn ddigon bodlon yn dal bws neu drên i weld ei fyd agos a phell wrth ei bwysau ei hun. Falle y dylen ni i gyd drio gwneud yr un peth o dro i dro.

'Mae'n golygu na fydd o'n gallu gwneud ffrindiau yn hawdd.'

Falle. Ond fydd o byth yn unig.

'Autism doesn't come with an instruction guide.
It comes with a family who will never give up.'

Dr Kerry Magro

Blino

GRUFFUDD OWEN

01.08 am – Pwllheli

Sŵn gwichian llawn cyffro o ben arall y tŷ… Mae o 'di deffro.

Dwi'n tsiecio fy ffôn. O God, mae hynna'n gynnar 'fyd. Dwi'n hannar gobeithio yr eith o 'nôl i gysgu ond dwi'n gwbod o hir brofiad nad ydw i haws. Mae Gwen yn gorwedd wrth fy ochr i, ac er nad ydw i'n gallu gweld ei hwyneb dwi'n gwbod bod hitha hefyd yn effro.

'Mae o fyny ers ryw hanner awr,' mae hi'n sibrwd. 'Dwi'n meddwl bod o'n tawelu.'

Un wich hir fel larwm.

Nadi. Tydi o ddim.

Mae ei stafell o drws nesa i un fy rhieni. Mae'r ddau yn eu saithdegau, a tydyn nhw wir ddim yn haeddu'r shit yma. Rydan ni'n pedwar wedi dod i Bwllheli atyn nhw am wyliau bach. Ond dydi o ddim yn wyliau. Achos does 'na'm ffasiwn beth i'n teulu ni bellach.

Dwi'n sleifio draw i'w stafell fach o ac yn agor y giât

ddiogelwch. Mae hi fel bol buwch yno. Dwi'n tanio'r tortsh ar y ffôn. Dwi'n gweld matras ar lawr (rhag iddo fo ddisgyn allan o'i wely). Gorchuddion duon wedi eu gosod ar du allan y ffenast (i'w helpu o gysgu). Fo. Mae o'n gwenu fel giât arna i. Mae o'n gwisgo sach gysgu dena sy'n cau amdano fel gwasgod ac yn cyrraedd at y llawr, felly mae o'n edrych braidd fel ysbryd. Mae o'n neidio fyny a lawr ar ei fatras gan sgrechian.

Car.

Cyn iddo fo ddeffro pawb arall.

★

'Ydi o'n medru siarad rhywfaint?'

'Nadi.'

'Ond rydach chi'n ei ddallt o'n iawn?'

'Nac ydan. 'Dio'm yn gallu siarad.'

Saib lletchwith.

'Ond mae o'n gallu cyfathrebu efo chi?'

'Nac ydi.'

'Ond mae *o'n* eich dallt chi?'

'Dwi'm yn gwbod… nadi, dwi'm yn meddwl. Anodd deud be mae o'n ddallt.'

Saib lletchwith arall.

'Ond mae o'n hogyn hapus i'w weld.'

'Ydi… Weithia.'

'Wel… 'mond bod o'n hapus, 'de.'

'Ia…'

'Ac ella mai Maths fydd ei betha fo!'

'… mae ganddo fo anghenion dysgu reit ddwys… felly…'

'Wel, 'sach chi'm yn ei newid o am ddim byd, na f'sach?'

Saib hir.

★

01.35 – Stryd Fawr Pwllheli

Dwi'n gyrru drwy stryd fawr Pwllheli. Mae bob man wedi cau. Hyd yn oed y lle *kebabs*. Er gwaetha bob dim, mae hi'n reit neis bod adra 'fyd. Dwi heb d'wllu'r rhan fwyaf o siopau'r stryd fawr ers blynyddoedd ond mae eu siâp yn teimlo'n gyson ac yn gyfarwydd, fel siâp geiriau Gweddi'r Arglwydd yn fy ngheg. Dwi'n taro cip i'r sedd gefn ac mae o weld yn hapus. Dal yn ei sach. (Mae ganddon ni un arbennig nad oes rhaid ei dynnu cyn ei strapio i'r harnes car. Mae Gwen yn meddwl am bob dim, chwara teg.)

Tasa fo 'di deffro ganol nos adra yn Gaerdydd (adra ydi'r ddau le, gyda llaw) mi faswn i'n gyrru o gwmpas yr A4232 am 'chydig cyn anelu am *drive thru*. Naill ai Starbucks y Bae neu McDonald's Leckwith. Mae digon o ddewis. Achos mae saim a siwgwr a choffi a carbs yn yr oriau mân yn gwella pob clwy (heblaw am fy ngordewdra, wrth gwrs).

Does 'na'm McDonald's *drive thru* sy'n gorad drwy'r

nos ym Mhwllheli. Dwi'n ystyried pa mor bell y byddai rhaid i mi yrru i ffeindio un. Caernarfon? No wê. Bangor? Annhebygol. Llandudno Jynction? Ella. Gaer?? Llawer rhy bell p'run bynnag.

Dwi'm yn deud mai dyma'r unig reswm pam ein bod ni 'di dewis aros yn Gaerdydd yn hytrach na symud i'r Gogledd… ond mae o'n ffactor.

Mae o'n chwerthin ac yn gwichian yn y cefn. 'Di cyffroi cael bod yn y car yn rhwla diarth. Ydi o'n cofio bod yma o'r blaen? Ydi o'n cofio Nain a Taid? Lle mae o'n meddwl maen nhw'n mynd am y misoedd ar fisoedd nad ydi o'n eu gweld nhw?

Un sgrech hir hir hir. Ond sgrech hapus.

Dwi'n troi sŵn CD Cyw i fyny ac y gosod *ear defenders* ar fy nghlustiau ac mae sŵn Elin a Huw a Ben Dant yn pylu rhywfaint.

Byddai rhywun oedd yn yr ysgol efo fi yn gallu sbio allan drwy'r ffenast a 'ngweld i rŵan. Be 'san nhw'n feddwl?

Dwi'n anelu'r car am Uwchmynydd. Ella bod 'na Starbucks 24 awr newydd agor yn fanno…

★

Cwpwrdd moddion.

Mae o'n cael tabled i drin yr ADHD wedi ei chwalu'n fân yn ei fwyd ddwywaith y dydd ac wedyn dau dabled i'w helpu o gysgu yn y nos. 'Sa fo byth yn llyncu tabled 'ran ei hun, felly mae'n rhaid cuddio'r moddion yn ei fwyd.

Cyn y feddyginiaeth mi o'dd o'n rhedeg gan milltir yr awr drwy'r dydd ac yn deffro ganol nos yn rheolaidd. Mae o i weld yn fwy cyson ers bod ar y feddyginiaeth yma, ond mae'r deffro ganol nos yn dal i ddigwydd, ac mae'r rheini'n ein dal ni allan yn waeth rhywsut.

Yn y cwpwrdd hefyd mae'r holl foddion 'dan ni 'di drio ar hyd y blynyddoedd ond 'nath ddim gweithio. Yno hefyd mae bocs o dabledi gwrthbryder Gwen ('nath hi drio nhw unwaith, ddim licio nhw, ond maen nhw dal yno jyst rhag ofn) a fy anti-depresants i. Dwi 'di bod arnyn nhw a ddim arnyn nhw am yn ail ers ryw bedair blynadd. Faswn i wedi bod arnyn nhw oni bai am hyn i gyd? Ella. Ella ddim. Dwi'n fardd Cymraeg, o'dd 'na wastad jans go lew 'mod i am ddiodda o iselder…

Mae'n rhaid bod teulu ni'n costio ffortiwn i'r Gwasanaeth Iechyd.

★

02.36 – Llanengan

Dwi'n trio dyfalu pam y deffrodd o heno. 'Di blino gormod? Heb flino digon? Lle diarth? Diffyg strwythur ysgol? Y lleuad? Diawledigrwydd? Gwrachyddiaeth?

Dwi'n trio dilyn fy nhrwyn dow-dow am Uwchmynydd fel 'mod i'n cyrraedd yno i weld Ynys Enlli wrth iddi wawrio. Peth dwl ella, ond dwi'n benderfynol o'i gadw o allan o'r tŷ tan o leia 5 y bora fel bod pawb arall yn cael cwsg. Dwi'n gyrru drwy Abersoch er mwyn cael sbio'n feirniadol ar dai moethus pobl gyfoethog ddi-chwaeth. Ffycars breintiedig. Er, 'swn i'n dal yn newid lle efo nhw 'fyd… 'swn i'n newid lle efo lot o bobl deud gwir… Wedyn dwi'n mynd ar goll rwla rhwng Llanengan a Llangian ac yn ffeindio fy hun yn gyrru ar hyd lôn sy'n gorffan mewn cae. Mae 'na dent yn y cae. Shit. Be tasa pobl yn dod allan? Be 'swn i'n ddeud? Be dwi'n da yma mewn cae ym mherfeddion Pen Llŷn yn gyrru o gwmpas mewn pajamas ac *ear defenders* efo hogyn chwech oed swnllyd yn y cefn? Dwi'n troi'r car ac yn sgrialu o 'no.

★

'Pa sŵn mae chwadan yn neud?'

   'Cwac cwac…'

   'Pa sŵn mae buwch yn neud?'

   'Mwww…'

   'Pa sŵn mae mochyn yn neud?'

   '… Chhhhh…'

   Mi o'dd o'n arfar medru siarad.

   Wedyn mi ddaru o stopio dysgu geiriau newydd ac mi ddiflannodd yr hen eiriau yn eu tro. Mae 'na fideos ohono fo'n flwydd ac yn ddyflwydd yn siarad. Fedra i mo'u gwylio nhw'n rhy amal. Mae'r fersiynau fengach, teneuach, diniwad yr oeddan ni – y rhieni ifanc o'dd yn ama dim… maen nhw'n torri 'nghalon i.

Pan oedd o'n ddyflwydd a hannar, a ninnau newydd ddod yn rhieni am yr ail waith ac wedi cydnabod i'n hunain o'r diwedd efallai fod 'na broblam, dwi'n cofio sefyll ar bont dros reilffordd, a fynta ar fy nghefn mewn sach gerdded. Roedd hi'n fora llwm a llwyd. Ac o rywle, tu ôl i mi, mi ddudodd 'na lais bach 'choo choo'. Ro'n i'n teimlo'n obeithiol yr eiliad honno bod 'na fwy o iaith ar ei ffordd.

Dwi'm yn cofio fo'n deud dim byd arall ar ôl hynny.

Dim ond gwichian a sgrechian. Lot fawr o sgrechian.

Dyna pam yr *ear defenders*.

★

04.13 – Uwchmynydd

Dwi'n parcio'r car yn Uwchmynydd ac yn edrych allan drw'r düwch at lle dwi'n gwbod mae Ynys Enlli. Dwi'n gweld y goleudy'n wincian. Mae'r CD yn ailgychwyn. Dwi'n gwrando ar gân 'Pen-blwydd hapus mawr i Cyw' am y chweched neu'r seithfed gwaith. Tydi o ddim yn rhy hapus bod y car wedi stopio. Dwi'n sbio ar gloc y dash. Fydd hi ddim yn gwawrio am awr ac ugain munud arall. Bolycs.

Roedd Mam a Dad yn arfar dod â ni yma'n blant. Gweld Ynys Enlli. Ffynnon Fair. Y Maen Melyn. Nyth y frân goesgoch. Yr holl shit hyfryd yna. Y petha boring ond hanfodol o'n i 'di ddychmygu gneud efo 'mhlant fy hun ryw ddydd. Y petha dwi'n gwbod na cha i fyth eu gneud efo fo. Dyma'r agosa y cyrhaeddwn ni at Enlli. Fi a fo yn car yn gwrando ar ganeuon Cyw yn y tywyllwch.

O'r holl betha wnaiff o ddim yn ei fywyd, a'r holl betha fyddan ni'n methu eu gwneud efo'n bywydau ninnau o'i herwydd o, tydi peidio mynd lawr i Ffynnon Fair a gweld Enlli ddim wir mor bwysig â hynny, ma siŵr. Ac eto, dyma fi.

Taswn i'n Babydd, fel y pererinion wnaeth eu ffordd i ben pella'r penrhyn o'n blaena ni, mi faswn i wedi ei dywys o lawr i'r ffynnon yn y gobaith y byddai'r dŵr bywiol yn ei iacháu o, yn bwrw pa bynnag gythreuliaid sydd yn ei boeni allan ohono am byth.

Ond dwi'n anffyddiwr. Ddaru ni ddim hyd yn oed ei fedyddio fo. Y cynta o'r teulu i beidio cael ei fedyddio yn enw Duw Abraham ers mileniwm a hannar, siŵr o fod. Ac er nad ydw i'n credu mewn Duw, 'sa fo jyst y math o beth shiti y basa hwnnw yn ei neud hefyd – taro fy nghyntaf-anedig yn fud. Jyst y peth i sbeitio siaradwr iaith leiafrifol; dwyn iaith ei fab. Ond fel dwi'n deud, dwi'n anffyddiwr, diolch i Dduw.

Mae o jyst yn un o'r cyd-ddigwyddiadau creulon hynny. 'Mod i a'i fam wedi digwydd cyfarfod, a bod ein genynnau ni, o'u cymysgu am y tro cyntaf, wedi dod allan yn y drefn yma, trefn sy'n ei adael o mewn byd diarth sydd ddim yn ei ddallt o. Dwi'n ei weld o, fel goleudy Enlli. Ond dwi'n methu ei gyrraedd o chwaith.

Anodded ag ydi fy nghroes i'w chario tydi hi'n ddim
byd o'i chymharu â'i groes fach o.

★

Galar 'di o. Y gwacter hwnnw sy'n llenwi pob twll a chongol. Galar
am y plentyn oedd yn deud 'cwac cwac'. Galar am fywyd teuluol
yr oeddan ni wedi ei gymryd yn ganiataol, ond na chawn ni mo'i
brofi bellach.

Ond galar 'di hwn heb y cydymdeimlad. Na'r gydnabyddiaeth
mai galar ydi hyn.

Ac wrth gwrs, rydan ni'n rhy brysur i alaru'n iawn. Mae 'na
wastad lanast i'w glirio ar ei ôl o, petha arbenigol i'w prynu,
meddyginiaeth i'w chwalu'n bowdwr, dillad i'w golchi, cyfarfodydd
i'w trefnu, lot o lanast, penwythnosau a gwyliau i'w llenwi efo
gweithgareddau, trychinebau i'w hosgoi, ymddiheuro i bobl
ddiarth, uffar o lot o lanast, nadu fo rhag gneud petha perig...
mae o fel rhedag marathon bob dydd.

Ond weithia, mae'r galar hwnnw yn dod drosta i. Heb ei
ddisgwyl. A bryd hynny mi fydda i'n crio. Crio go iawn. Drosta i.
Drosto fo. Droston ni i gyd.

O leia wedyn dwi'n medru ei gofleidio fo, neu ddringo mewn
i'w wely bach a gwrando arno fo'n anadlu. Ac mae hynny'n
teimlo fel mendio. Ddim yn llwyr ella, ond mendio digon i wynebu
diwrnod arall.

Mae'r gofal yma am bara am weddill fy oes; a thu hwnt i hynny
hefyd. Dwi'n trio ei ddychmygu o'n ddyn ugain oed. Yn ddeugain
oed. Yn hen ddyn. Pwy fydd yn edrych ar ei ôl o erbyn hynny?

Fyddan nhw'n glên efo fo? Fydd o'n dal i'n cofio ni? Fydd o'n dallt ein bod ni wedi mynd? Neu fydd o'n aros i ni ddod i'w nôl o?

Pan fydd cwestiynau fel hyn yn fy mhoeni dwi'n trio canolbwyntio ar sut mae petha rŵan, a sylwi ar y petha sy'n ei neud o'n fo.

Mae o'n cerddad ar flaena'i draed. Mor osgeiddig. Fel un o lwyth y tylwyth teg.

Dwi'n gwbod nad ydw i'n ddiduedd ond o'dd o wastad yn hogyn annaturiol o dlws. Llygaid glas. Croen gwelw. A phan oedd o'n fabi, gwallt melyn. Mor wahanol i weddill y teulu. 'Dwi'n siŵr bod ni 'di dod â'r un rong adra o'r sbyty, sti.'

Ella mai dyna ddigwyddodd. Bod y tylwyth teg wedi dwyn ein babi ni a gadael eu plentyn nhw yn ei le o. Dyna oedd yr esboniad am blant fath â fo yn yr hen ddyddia.

Mae o gystal esboniad â dim arall. Dim creulonach na'r label 'Awtistiaeth', efo'i holl rychwant annelwig. O leia wedyn basa'n babi go iawn ni dal allan yn fanna'n rhwla. Yn byw ei fywyd gora. Efo'r tylwyth teg.

★

04.30 – Uwchmynydd

Mae o'n cicio'i goes yn flin ac mae honno'n cyrraedd yn beryglus o agos at fy mraich i. Ymhen blwyddyn neu ddwy mi fydd o'n medru 'nghicio i yn fy mhen tra fydda i'n gyrru… Ond mi groeswn ni'r bont honno bryd hynny.

Dwi'n cofio bod gen i bach o *rice cakes* ym mhocad ochr

drws y car. Dwi'n cymryd un ac yn estyn tu cefn i mi heb edrych. Dwi'n teimlo ei law fach yn cymryd y *rice cake* o'n llaw i. Mae o'n deimlad braf. Mae unrhyw beth y medra i neud i neud ei fywyd o'n fwy cyfforddus yn deimlad braf.

Dwi'n ei garu o'n racs. Fydd hynna byth yn ddigon, dwi'n gwbod. I mi, nac iddo fynta. Ond mi ddalia i'n dynn yn hynny jyst 'run fath.

Fydd hi siŵr o fod wedi pump arna i'n cyrraedd adra, ac mi neith Gwen neu fy rhieni gymryd drosodd am rywfaint. Nid marathon mo hon, ond ras gyfnewid.

Dwi'n tanio'r injan ac yn gyrru i ffwrdd i gyfeiliant Cyw. Mae o'n hapus.

A ninnau'n blino, awn yn ein blaenau.

'Everything will be okay in the end.
If it's not okay, it's not the end.'

John Lennon

ADHD a fi

ALAW GWYN

Sumai! Alaw Gwyn Rossington BA MA dw i (ma genna i *kind of* hanner PhD 'fyd, LOL… clasic ADHD *trait* o beidio gorffen pethe). Mi o'n i efo jôc pan oedd Barack Obama'n arlywydd UDA mai fi oedd ei chwaer Gymraeg o, h.y. Alaw-bama… ha ha!

Ta waeth, dwi'n wreiddiol o Lanfair Talhaiarn ac wedi fy magu ar fferm biff a defaid yno. Fi ydi'r hynaf o bedair merch ac mae genna i nith a nai dwi'n eu caru mwy na dim. Dwi bellach yn byw draw yn y Waikato yn Seland Newydd ers dwy flynedd. Ar hyn o bryd dwi'n gweithio ar fferm 1,000 o wartheg yn ardal Waotu. Ges i ddiagnosis ADHD pan o'n i tua phymtheg oed ac mae'n bleser pur cael cyfrannu i lyfr mor angenrheidiol a phwysig yn yr oes sydd ohoni. Felly darllenwch, chwerthwch a dysgwch am fy mywyd hyd yn hyn efo ADHD.

Dwi 'di bod yn pendroni ers dipyn am hyn… sut ydw i am fynd ati i drafod fy mherthynas gydag ADHD? A hynny yn sgil y ffaith bod fy ADHD a finnau wedi eu gwau mor dynn. Be dwi'n ei olygu wrth hynny ydi bod y symtomau mor agos at nodweddion personoliaeth unigolyn mae'n anodd ar brydiau gwahaniaethu rhwng yr unigolyn a'r ADHD. Mae hyn yn sicr yn rhywbeth dwi wedi a dwi'n dal i ymrafael ag o hyd heddiw.

Lle dwi'n gorffen a'r ADHD yn dechrau?

Nesh i jyst deffro un diwrnod efo ADHD? Neu nesh i'i ddal o fel pan wyt ti'n dal annwyd? Yr ateb ydi 'na'. Dwi'n siŵr y buasai fy nheulu yn cytuno fy mod i wedi fy nghyffwrdd gan ADHD o'r dechrau. Er fy mod i yn y system feddygol ers 'mod i'n ddwy oed oherwydd fy ymddygiad afreolus, ni chefais ddiagnosis ADHD tan ganol fy arddegau. Dwi'n cofio ymateb Mam wrth inni ddysgu bod gen i ADHD. Besicli rhywbeth fel, 'Oooo, mae o i gyd yn gwneud synnwyr rŵan! Pam bod neb 'di meddwl neud y prawf ADHD yma tan rŵan?!'

Mae symtomau ADHD yn amlygu eu hunain yn gwbl wahanol mewn merched a bechgyn. Mae bechgyn yn arddangos symtomau mwy corfforol yn fuan ac yn llawer mwy tebygol o gael diagnosis a thriniaeth fuan. Mae bechgyn yn fwy tueddol o arddangos nodweddion aflonyddol (*disruptive*), byrbwyll (*impulsive*) a gorfywiog (*hyperactive*). Yn nodweddiadol, mae merched yn tueddu i ddioddef symtomau sydd yn llawer llai aflonyddol ac allanol, ac yn ôl ymchwil gan Julia Edwards, mae merched yn fwy tebygol o gael camddiagnosis am gyflwr iechyd meddwl arall. Mae newidiadau mewn lefelau oestrogen yn y corff yn medru effeithio ar ddwyster y cyflwr a'r ffordd mae symtomau ADHD yn arddangos eu hunain. So, besicli mae fy ADHD i yn newid yn fisol er fy mod i ar feddyginiaeth ddyddiol – cŵl, 'de! Ond go iawn, mae'r wybodaeth sydd ar gael ar gyfer ADHD mewn merched yn brin, ond diolch byth mae'n tyfu ac mae'r ymwybyddiaeth yn sicr yn cynyddu.

Reit 'ta, 'nôl ata i ac ADHD. Yn bersonol, dwi'n meddwl bod y diagnosis a'r feddyginiaeth wedi gwneud mwy o wahaniaeth i'r bobl o 'nghwmpas i nag i mi. Hynny yw, tydw i ddim mor aflonydd, gorfywiog nac afresymol. Y gwahaniaeth mwyaf sylwais i arno yn sgil y feddyginiaeth oedd bod genna i'r gallu i ganolbwyntio! Wnaeth hyn arwain fy nhaith academaidd ar drywydd cwbl annisgwyl. Llwyddais i ennill graddau TGAU digon da i fynd 'nôl i'r chweched dosbarth ac yna derbyn ysgoloriaeth i astudio ar gyfer gradd ym Mhrifysgol Aberystwyth. WAW – wnes i erioed feddwl y buaswn i'n astudio yn y brifysgol! Ar ôl graddio ges i grant drwy gyllid KESS gan yr EU (heddwch i'w llwch, blydi Brexit) i astudio gradd meistr yn y cyfryngau – yn wir, fe wnes i lwyr fwynhau'r flwyddyn yna.

Penderfynais fwrw ymlaen i ymgeisio am fwy o gyllid KESS (diolch eto, Ewrop) i astudio ar gyfer doethuriaeth yn arbenigo mewn theatr i bobl ifanc ac iechyd meddwl. Ond doedd y ffurf unigol yma o weithio ddim yn gweddu i mi o gwbl, doedd yna ddim darlithoedd na seminarau fel o'r blaen. Fe ddechreuais i deimlo fel petawn i yn uffern erbyn yr ail flwyddyn ac fe wnes i orfod derbyn bod yr her yma yn ormod i mi… ar ôl llyncu mul a'i rechu o allan, yn amlwg. (Tydw i erioed wedi derbyn methiant personol yn hawdd iawn.) Dwi'n cofio yn union lle o'n i wrth wneud y penderfyniad yma hefyd a dyma beth ofynnais i i mi fy hun: 'Be dwi am gael allan o hyn os dwi'n teimlo fel yma ac mae'r PhD 'ma 'mond ar ei hanner? Be fydd safon yr ymchwil yma ar y diwedd os dwi'n straffaglu fel yma rŵan?'

Doeddwn i ddim yn gwybod beth i'w wneud nesa ar ôl hyn, felly dyma fi'n symud yn ôl adre a gadael fy Aberystwyth i : (

Roeddwn i'n styc rŵan, ddim yn gwybod beth i'w wneud ar ôl y *shitshow PhD attempt*, ond wedyn dyma fi'n sylwi bod lot o ffermydd godro newydd wedi datblygu o gwmpas fy ardal i ers 2011 tra o'n i lawr yn Aber. Bwrw ymlaen efo *career change* oedd fy ngham nesa a dechreuais i odro i Gareth Williams draw yn Llangernyw, a mawr yw fy niolch iddo am yr holl addysg, cymorth ac amynedd roddodd o imi dros y blynyddau fues i'n Rhos Mawn.

Dwi 'di stryglo efo cadw amser erioed, yn union fel Mam a'r rhan fwyaf o ochr yna'r teulu – 'dan ni'n ei alw o'n 'Lloyd Time'. Os dach chi isio ni yna ar amser rhowch O LEIAF 4 awr i ni ond fydden ni dal yn hwyr, ma siŵr, er weithiau 'dan ni'n gallu bod yn gynnar – *glitch* 'di hwnne, peidiwch â chyffroi. Roedd Gareth yn casáu ond bob tro'n deall pan o'n i'n hwyr, a fuodd o'n drilio'r pwysigrwydd o gadw amser ar fferm odro a throi fyny ar amser imi yn rheolaidd. Roedd hyn yn help mawr i mi ond dwi dal i slipio 'nôl i fod yn hwyr ar y fferm 'ma'n Waotu weithiau 'fyd. Mae fy nghysyniad i o amser yn hollol wahanol i'ch un chi a dyna'r ADHD. Roedd yna fwrdd gwyn mawr yn y gegin yn Rhos Mawn lle roedd cynlluniau tymhorol, misol ac wythnosol mewn lliwiau gwahanol – oedd yn UFFAR o help i mi. Dyna sut dwi wedi adolygu ar gyfer arholiad erioed, dach chi'n gweld, y noson cynt efo *highlighters*. Fel fy nhraethodau yn y coleg. *Hyperfixation* maen nhw'n galw hyn. A dwi'n ei brofi wrth ysgrifennu hwn. Mae'n cymryd dipyn i mi fynd iddo weithiau ond unwaith dwi *in the zone* – dwi awê. Felly pan mae yna *distraction* allith o gymryd hydoedd imi allu canolbwyntio eto, os o gwbl! Fedra i fod yn *hyperfixed* am oriau, mae o'n dibynnu ar y dasg. Pan o'n i'n byw adre roedd Mam a Dad yn aml yn gorfod galw fi fewn am swper, a weithiau yn llythrennol yn gorfod dod i nôl fi o'r *workshop* lle fuaswn i'n ponsio'n adeiladu ryw ddrws neu weldio ryw drelar neu yn llnau'r lle yn *spotless*.

Fodd bynnag, 'nôl at y testun. Mae geiriau doeth ac ethos Gareth ynglŷn ag effeithlonrwydd busnes o fewn y diwydiant godro yn dylanwadu arna i yn fy ngwaith hyd heddiw. 'Dim camau gwag.' Felly diolch o waelod calon i ti, Gar! Pan mae pethau'n troi'n shit yn y gwaith dwi wastad yn meddwl, 'Hmmm. Tybed be 'sa Gareth yn neud neu ddeud 'wan?'

Reit, mwy am waith gan mai ar y thema yna dwi rŵan. Daeth gwaith fel arolygydd sgript ar *Y Gwyll* yn ystod fy ngradd meistr. Roedd hyn yn sicr yn her gan fod gymaint yn mynd ymlaen ar unwaith o fewn y rôl. Ond dach chi'n gwbod be 'nath fy helpu i i gyflawni'r gwaith? Fy ADHD. Roedd fy ngallu i neud 99 peth ar unwaith yn fy helpu i i ennill pres – WTF! Fues i'n gweithio 'nôl a 'mlaen efo Fiction Factory am dros flwyddyn, dwi'n siŵr. Wnes i gael lle ar gwrs arolygu sgriptiau gyda Cyfle i lawr yng Nghaerdydd fel rhan o 'mhrofiad gwaith, ac ar ddiwedd y cwrs roedd cyfnod yn arolygu sgriptiau ar y ffilm *Star Wars* newydd.

Ond fe aeth y cwmni i'r wal cyn cyfnod cynhyrchu'r ffilm ac ni chefais y profiad yna o arolygu sgript ar gyfres o ffilmiau byd-enwog dwi ERIOED wedi eu gwylio. Roedd y cysylltiadau wnes i drwy arolygu sgriptiau yn wych. Yn wir, maen nhw'n dal i gysylltu rŵan weithiau pan maen nhw angen rhywun i arolygu sgriptiau – sydd yn rili lyfli achos o'n i'n caru'r gwaith yna, ond yn anffodus dydi Seland Newydd ddim yn rhywle alli di jyst picied adre ohono a dwn i'm lle mae SIM fy ffôn i o Gymru 'di mynd.

Thema newydd 'ŵan – perthnasau. Fuaswn i'n dweud fy mod i wedi perffeithio fy ngallu i gynnal perthynas iach efo fy nheulu a'n ffrindiau erbyn hyn. Mi oedd o'n anodd pan o'n i yn fy arddegau ond dwi'n siŵr bod hynny'n wir i bob *teenager*, tydi? Mi ydw i'n dal i orfod atgoffa fy hun i gysylltu efo 'nheulu a'n ffrindiau ar brydiau o hyd, yn enwedig gan fy mod i'n byw mewn *time zone* gwahanol ar ochr arall y byd rŵan (Dunedin, sef fy hoff ddinas ar Ynys y De, ydi'r pwynt pella o Gaerdydd yma yn Seland Newydd). Alla i fynd am wythnosau heb siarad efo pobl adre ac mae o jyst am 'mod i'n brysur ac yn anghofio amdanyn nhw, rywsut. Dwi ddim yn anghofio yn llwyr, ond maen nhw mewn ffeil reit yng nghefn fy *hard drive* yn lle bod yn fy *recent documents*, math o beth. Ond mae cynnal perthynas ramantaidd gydag ADHD yn anodd a deud y lleia.

Dwi'm yn siŵr os ydi o am fy mod i'n *commitment-phobe* neu ai'r ADHD 'dio, ond mae meddwl gadael rhywun i fewn i'r da a'r drwg yn un o ofnau mwyaf fy mywyd i. Mae'r syniad bod rhywun yn mynd i fod eisiau gwybod lle ydw i a be dwi'n neud ar unrhyw adeg yn neud i fi deimlo'n sâl – dwi *just about* yn darllen tecsts heb sôn am eu hateb nhw! Dwi wedi cael sawl perthynas ramantaidd ond 'swn i'm yn deud bod yr un ohonyn nhw yn ddim byd siriys a pharhaol, ond mwy fel hwyl ysgafn. Dwi'n licio'r *no pressure* hwyl ysgafn yna o fewn perthnasau rhamantaidd. Mae o'n siwtio fi i'r dim, yn gyfforddus. Os ydi o'n dal, efo dwylo gwaith ac yn gwneud i mi chwerthin, *major* tic gwyrdd, a 'dio motsh am ei liw na'i wreiddiau chwaith. Os oes 'na gysylltiad mwy personol, nid jyst rhywiol, yna mae o'n cael aros draw os 'dio eisiau. Dyna sut dwi'n gwybod 'mod i'n licio fo – os dwi'n gadael iddo aros draw i gysgu drws nesa i fy chwyrnu embarasingli uchel i. 'Dan ni'n deall ein gilydd, dim goriad i'r tŷ ond gei di aros. Yn sicr, mae genna i *trust issues*, ond wn i ddim os ydi hynny oherwydd yr ADHD neu o ganlyniad i 'mhrofiadau personol i. I fod yn onest efo chi, 'dio fawr o otsh rili oherwydd dwi'n gweld fy nghwnselydd Kiwi yn wythnosol ers blwyddyn ac wedi dod i ddeall fy mod i'n unigolyn sy'n eithaf *in tune* efo fy hun. Dwi 'di cael oriau o therapi, acshyli mwy na thebyg fy mod i wedi cael misoedd ar fisoedd os nad blynyddoedd o therapi ers i mi roi fy nhraed ar y ddaear yma. Therapi DBT (*dialectical behaviour therapy* / therapi ymddygiad dilechdidol), cerddoriaeth, CBT (*cognitive behaviour therapy* / therapi ymddygiad gwybyddol), celf a meddylgarwch, ac ar hyn o bryd dwi ar fin mentro ar therapi EMDR (*eye movement desensitization and reprocessing* / dadsensiteiddio ac ailbrosesu symudiadau'r llygaid) o ganlyniad i ddiagnosis PTSD diweddar. Dwi acshyli yn edrych ymlaen yn arw at gael gweithio gyda fy nghwnselydd i ddeall a dysgu mwy am sut mae'r therapi newydd yma am fy helpu i yn y presennol. 'Dan ni wedi bod yn gweithio ar therapi naratif (*narrative therapy*) ers 6 mis erbyn hyn. Mae'r therapi yma wedi fy ngalluogi i wahanu fy hun oddi wrth broblem a hynny drwy allanoli'r peth yn lle ei fewnoli. Mae'r gwaith wir wedi cryfhau fy ngallu i ymdrin â phroblemau hen a newydd mewn modd iach ac effeithiol.

Sori, dwi'n gwybod bod 'na lwyth o lythrennau a thermau yn y brawddegau uchod – maen nhw'n gwneud synnwyr i mi ond os dach chi'm yn gwybod be ydyn nhw… gwglwch! Maen nhw wir yn helpu, 'de. Tydi therapi byth yn hawdd ond ydi unrhyw beth gwerth ei wneud mewn bywyd yn hawdd? Dim rili, na. I mi, roedd meddylgarwch yn un o'r cyrsiau anodda dwi erioed 'di wneud a fe wnes i orfod llyncu mul a'i rechu o allan unwaith eto yng nghanol yr Alex yn Rhyl 'nôl yn 2020. Ond doedd y ffaith fod y cwrs yn Saesneg ddim rili wedi fy helpu, a hoffwn i fynychu un o'r cyrsiau meddylgarwch Cymraeg mae'r ganolfan ym Mangor yn eu rhedeg pan dwi 'nôl adre am ddigon hir tro nesa.

Dwi ddim yn dda iawn am dilyn strwythur a sgenna i ddim syniad sut i gloi hwn 'ŵan. Tydi paragraff clo ddim yn gryfder o gwbl – dwi'n gwbod hynny o'r holl adborth addysgol dwi 'di dderbyn ar hyd fy oes.

Fodd bynnag, dwi am eich gadael chi efo dyfyniad personol ddoish i fyny efo fo. Dwi'n ei ddefnyddio fo dipyn erbyn hyn i atgoffa fy hun fy mod i'n iawn fel ydw i – yn enwedig pan mae bywyd yn taflu bag cyfan o *curveballs* ata i. Croeso mawr i chi ei fenthyg hefyd!

'Fy nghryfder mwya yw fy ngwendid.'

Ydi, mae pob un ohonon ni yn y byd yn unigryw, a dwi'n mawr obeithio y bydd bod yn ffeind i'n gilydd ar flaen y gad yn nyfodol y cenedlaethau nesaf!

'I'd rather regret the risks that didn't work out than the chances I didn't take at all.'

Simone Biles

ADHD, Alaw a fi

EFA GWYN

Efa ydw i, chwaer fach Alaw. Mae Alaw ddeg mlynedd yn hŷn na fi, felly fi ydi babi'r teulu. Dwi newydd orffen gradd nyrsio mewn Iechyd Meddwl ym Mhrifysgol Lerpwl ac wedi derbyn swydd fel nyrs seiciatrig yn uned gofal brys Heddfan yn Ysbyty Maelor – sydd yn golygu erbyn hyn bod genna i dipyn mwy o syniad o be yn union ydi effaith anawsterau dysgu a phroblemau iechyd meddwl ar unigolion. Dwi am sôn ychydig am yr effaith mae'r rheini wedi eu cael ar fy chwaer fawr yn ystod ei bywyd.

Mae yna lawer o gamddiagnosis yn digwydd heddiw o ran ADHD mewn plant ifanc. Mae pobl yn fwy ymwybodol o ADHD erbyn hyn. Mae pawb eisiau diagnosis, ond pam yn union mae hynny? Ydi o ar gyfer tawelwch meddwl neu am eich bod chi wir eisiau help i'w drin? Slawer dydd mi fyddai rhai sydd ag ADHD yn cael eu gweld fel plant drwg oedd yn cambihafio, ond erbyn heddiw mae yna lawer o dystiolaeth a gwybodaeth am ADHD. Diolch byth am yr holl driniaethau sydd ar gael, boed yn therapi, cwnsela neu feddyginiaeth. Maen nhw'n bethau syml ond pwysig iawn i unigolion sy'n stryglo. Ond mae'n angenrheidiol bod unigolion yn cadw at y triniaethau yma trwy'r da a'r drwg.

Yr atgof mwyaf clir sgenna i ydi gwneud posteri a chrefftau lliwgar a chardiau 'gwella'n fuan' i Alaw pan oedd hi'n dod adre o'r ysbyty. Ar y pryd doeddwn i'm yn deall mai stryglo efo'i hiechyd meddwl oedd hi. Mae Alaw yn dal i siarad am y tro cynta mae hi'n cofio deffro a gweld fy ngwyneb i, ac mor falch oedd hi o hynny. Fe roddodd reswm iddi gario mlaen i baffio'r salwch pen annifyr yma.

Mae genna i gof o Alaw yn fy nghloi i yng nghwt y ci tu allan (o leia o'n i dan do!). Ar y pryd roedd hi efo'i ffrind. Benderfynodd hi ddangos ei hun o'i flaen, trwy sibrwd wrth ei ffrind, 'Gwylia hyn…', a dyna be wnaeth Alaw oedd fy nghloi i yn y cwt. Wrth edrych yn ôl dwi'n deall yn iawn mai cambihafio oherwydd yr ADHD oedd Alaw. Doedd gan Alaw ddim mo'r gallu i ofalu amdana i a chael hwyl efo'i ffrind ar yr un pryd. Felly, ym mhen rhywun efo ADHD, be 'di'r peth gorau i'w wneud? Eu cau nhw allan… yn llythrennol! Strygl mwyaf pobl efo ADHD yw myltitasgio a ffocysu ar un peth – dyma'r *attention deficit* yn dod i'r golwg. Yn sicr, roedd hyn yn rhywbeth roedd Alaw yn stryglo efo fo yn ei harddegau.

Dydi byw efo chwaer ag ADHD ddim i'r gwangalon. Dwi'n cofio Alaw'n colli ei thymer ac yn malu drysau, lloriau a ffenestri sawl gwaith. Wrth feddwl yn ôl am hyn rŵan, doedd Alaw ddim ar y feddyginiaeth gywir ar y pryd.

Doedd dim llawer o gymorth ychwanegol i ni fel teulu ar yr adeg yna chwaith. Yn amlwg, mae angen mwy o adnoddau i bobl ifanc sydd wedi eu cyffwrdd gan ADHD. Yn sicr, mae hyn yn rhywbeth dwi'n bwriadu trio ei newid yn fy ngyrfa i fel nyrs seiciatrig.

Erbyn heddiw, dwi'n deall yn iawn pam oedd Alaw yn yr ysbyty – yn dioddef efo'i hiechyd meddwl a ddim eisiau byw efo ADHD dim mwy. Dwi'n deall pam oedd Alaw yn stryglo i ffocysu ar un peth ar y tro. Dwi'n deall y rhwystredigaeth oedd Alaw yn ei deimlo. Hyd heddiw dwi'n ddiolchgar am Alaw a'i ADHD. Mae tyfu fyny efo chwaer sydd â diagnosis ADHD wedi fy arwain i at fy swydd i heddiw fel nyrs Iechyd Meddwl. Fel chwaer fach dwi'n falch iawn o Alaw bob dydd, ond yn enwedig am rannu ei stori hi ag ADHD. Mae Alaw wedi llwyddo i gyflawni cymaint yn ei bywyd bach ac erbyn hyn mae'n llwyddo ym mhen draw'r byd!

Dydi ADHD ddim yn eich diffinio chi, chi sydd yn diffinio ADHD. I bob un ohonoch chi allan yna yn darllen hwn, rydw i'n falch iawn ohonoch chi! Diagnosis neu beidio.

'I dwell in Possibility.'

Emily Dickinson

Fi, Twm, ASD a galar

LEIAN ROBERTS

Fy enw i ydi Leian Roberts, ac mae Alan a finnau yn rhieni balch i ddau hogyn anhygoel, Twm Elis Jones sy'n 8 mlwydd oed ac Owi Arthur Jones sy'n 6 blwydd oed. 'Dan ni'n byw ym Mhenrhyndeudraeth, ac ar hyn o bryd dwi'n gweithio fel rheolwr gwelyau meddygol yn Ysbyty Gwynedd. Dydi bywyd heb droi allan fel ro'n i'n ddisgwyl! Ar ôl bod ar *rollercoaster* emosiynol am flynyddoedd (un trist iawn y rhan fwyaf o'r amser) dwi wedi dod i delerau efo'r ffaith mai dyma fy mywyd i, a dwi'n mynd i wneud iddo weithio i fy nheulu! Dyma fy stori i. Fi, Twm, ASD a galar.

Medi 2018

Y newyddion ro'n i wedi bod aros amdano mor eiddgar, prawf beichiogrwydd positif ar ôl un rownd o IVF. Wnes i ddiodda Hyperemesis difrifol a chael fy nwyn i'r ysbyty sawl gwaith er mwyn cael hylifau IV a meddigyniaeth wrth-salwch – doedd o ddim y profiad gorau o fod yn feichiog. Ond roedd y tri mis olaf yn haws i ymdopi ag o, ac mi ddechreuais i deimlo'n gyffrous am fy nyfodol i a fy nheulu newydd. Roedd fy mhartnar yn chwaraewr rygbi brwd pan oedd o'n iau, ac ro'n i'n dychmygu y byddai Twm yn chwaraewr cryf, ei dad a finnau yn ei gefnogi ar ymyl y cae. Ymlaen â ni tri mis, ac mi gafodd Twm Elis Jones ei eni trwy *caesarean* brys.

Fel mam am y tro cyntaf, ro'n i'n meddwl 'mod i'n ddigon hamddenol, a hynny oherwydd fy nghefndir nyrsio. Roedd o'n pwyso 9.9 pwys anferthol a doedd o ddim i weld yn wahanol i unrhyw fabi arall yn ystod y misoedd cyntaf. Roedd o dipyn bach yn fwy araf, bachgen annodweddiadol, yn ôl pob sôn. Fel y mae Google yn ddeud: mae hogiau yn fwy araf! Roedd yr ymwelydd iechyd yn hapus, dim byd i boeni yn ei gylch go wir, ond roedd rhwbath yn fy mherfadd yn deud fel arall. Greddf mam ella? Alla i'm esbonio'r peth!

Naw mis yn ddiweddarach ro'n i wedi beichiogi yn naturiol ac ro'n i ar ben y byd. Brawd bach i Twm. Dau HOGYN! Iesss! Ro'n i'n edrych mlaen at benwythnosau yn teithio yn y camperfan, y bechgyn yn gwmni i ni.

Dim ond wythnosau oed oedd Owi ond ro'n i'n gweld y gwahaniaeth yn barod. Roedd Owi yn effro, yn ddisglair ac yn ymateb yn dda… Dyma'r adeg pan wnaeth fy mywyd newid, a dydi o ddim wedi bod yr un peth, a fydd o ddim yr un peth eto. Roedd Twm yn 18 mis oed. Er 'mod i heb gael diagnosis ffurfiol nes ei fod yn 6 blwydd oed, daeth awtistiaeth yn rhan ohona i a fy nheulu. Mae awtistiaeth wedi cymryd fy mywyd drosodd ym mhob ffordd!

Fe ges i help gan bob gweithiwr iechyd dan haul: ymwelydd iechyd, therapi iaith a lleferydd, therapi chwarae, therapi cerddoriaeth! Apwyntiad bob wythnos… Aaa! Roedd o'n llethol, a hynny ar ben cael babi newydd! Fyddai teulu a ffrindiau yn deud:

''Chydig yn ara 'dio, 'na gyd.'

'Mae yna ormod o ffocws ar gerrig milltir, fe ddaw o yn ei amsar ei hun.'

Google oedd fy ngelyn! Roedd pob arwydd yn deud ei fod o'n awtistig. Fyswn i'n gwadu'r peth i mi fy hun. ''Chydig yn ara 'dio, 'na gyd, ac mae gynno fo bersonoliaeth *laid back* ei dad.' Ond mi o'n i'n gwbod yn fy nghalon.

Mi giciodd y galar fewn! Ro'n i'n meddwl bod galar yn rhywbeth roedd rhywun yn ei brofi pan oedd rhywun yn marw, ond ro'n i'n teimlo fel taswn i'n galaru. Ro'n i'n galaru am yr hogyn ro'n i'n meddwl fyswn i'n ei gael; galaru am y bywyd, y teulu ro'n i'n meddwl fyswn i'n ei gael; galaru am y brawd fysai Owi yn ei gael, galaru am fy ngyrfa. Efo cefnogaeth fy GP, es i ffwrdd yn sâl oherwydd 'mod i methu côpio efo fy mywyd fel ag yr oedd. Fues i ffwrdd yn sâl yn hirdymor er mwyn i mi allu canolbwyntio ar fy mhlant, ond mewn gwirionedd ro'n i isio mynd i'r gwaith am y byddai hwnnw'n ddihangfa rhag bod adra! Ro'n i'n genfigennus bod Alan yn cael mynd i'r gwaith!

Pam fi? Wnes i rwbath o'i le? Ai'r IVF oedd o? Roedd y cwestiynau'n ddiddiwedd, ac ro'n i'n beio fy hun! Doedd blynyddoedd nesa fy mywyd ddim yr hyn ro'n i'n ddisgwyl. Roedd yna un apwyntiad ar ôl y llall. Dysgu am awtistiaeth, brwydro am hawliau, mynd â'r DWP, yr Adran Gwaith a Phensiynau, i'r llys fel fy mod yn gallu derbyn y budd-dal cywir ar gyfer fy mhlentyn. Ie, y llys. A deud y gwir, dwi wedi bod dwywaith a'r ddau dro dwi wedi ennill fy achos! Dim dyma oedd bod yn fam, os bosib!

Prin oedd y gefnogaeth. Er 'mod i'n gweiddi o ben to bod angen help arna i, doedd y gwasanaeth ddim ar gael, mor syml â hynny!

Ymlaen â ni… erbyn hyn dwi'n teimlo 'mod i mewn lle gwell (efo help Sertraline a gwin – ha ha). Mae Twm bellach yn 8 mlwydd oed, a dwi wedi dysgu cofleidio ei awtistiaeth. Dydi hynny ddim yn hawdd o hyd, ond dwi wedi dysgu derbyn ei fod o ddim yn mynd i unman, felly mae'n rhaid i mi wneud i bethau weithio i Twm a fy nheulu. Mae o'n hogyn bach lyfli, ac mae o'n hapus! Mae o'n ffynnu yn ei ysgol arbennig. Mae o'n cyfathrebu trwy PECS a Makaton. Does 'na'm geiriau, ond mae o'n gwneud lot o synau. 'Dan ni wedi gwneud newidiadau enfawr i'n bywyd ni fel teulu, ac mi fyddwn ni'n parhau i wneud hynny. Fe fydd angen gofal ar Twm am weddill ei fywyd. Dwi'n lwcus bod gen i weithiwr cymdeithasol a nyrs arbenigol wych, yn ogystal ag Ysgol Hafod Lon a

Hafan y Sêr y mae Twm yn mynd yno un noson bob tair wythnos ar gyfer gofal seibiant.

Mae pobl yn deud wrtha i bod y plant yma yn cael eu hanfon aton ni fel ein bod yn gallu edrych ar eu holau nhw. Dim ond yn y blynyddoedd diwetha dwi wedi gallu teimlo bod rhyw wir yn y geiriau hynny. Fodd bynnag, dwi'n sicr yn teimlo bod plant awtistig yn creu rhieni arbennig ac yn dysgu andros o lot i ni.

'In a gentle way, you can shake the world.'

Mahatma Gandhi

Tro yn y stori

CATRIN WAGER

Mae llyfrau plant yn ein dysgu ni bod bywyd fel llinell syth. Cychwyn yn y cychwyn, gorffen yn y diwedd, ein naratif personol yn datblygu wrth i ni fynd, cam wrth gam, o bennod i bennod.

'Dan ni'n dysgu'n ddigon buan mai peth ffug yw'r syniad o 'fyw'n hapus am byth', ond yn ddiweddar fe ddysgais i nad un llinyn stori ydi bywyd o gwbl. Yn hytrach, weithiau mae rhywbeth yn digwydd, mae rhywun yn cael newyddion, neu'n darganfod cyfrinach, rhywbeth sy'n chwalu'r naratif yn llwyr ac yn eich gorfodi chi i edrych 'nôl ac ailddehongli llwybr eich bywyd gyda gogwydd hollol newydd. Profiad felly oedd derbyn diagnosis awtistiaeth ac ADHD rai misoedd yn ôl.

Felly, gadewch i ni fynd 'nôl i'r cychwyn. Amser maith yn ôl... roedd 'na ferch fach yn ardal Arfon yn yr 80au oedd wastad yn teimlo ar ymyl pethau. Roedd hi'n caru anifeiliaid, darllen a dianc i'w byd bach ei hun. Roedd hi'n casáu partïon pen-blwydd, bwyd efo'r *texture* neu'r arogl anghywir, synau uchel a bod yng nghwmni mwy nag un o'i chyfoedion ar y tro. Doedd hi ddim yn dallt chwarae. Doedd hi ddim yn dallt jôcs (er bod ganddi ei hiwmor ei hun). A doedd hi ddim yn dallt beth oedd pobl yn ei ddweud wrthi os oedd sŵn arall yn y cefndir. Roedd hi'n methu dallt pam fod neb arall yn fflapio eu dwylo pan oeddan nhw'n cyffroi ac roedd hi'n methu dallt pam fod pobl yn gweld hynny'n od, er ei fod yn rhyddhad iddi hi ac yn teimlo fel y peth mwyaf naturiol yn y byd. Beth oedd rheolau cudd bywyd? A pham fod pobl fel petaen nhw'n licio'r plant hynny oedd yn torri'r rheolau, yn hytrach na'r rhai oedd yn glynu atyn nhw fel glud – er bod y rheini yn trio eu gorau i fod yn blant 'da'?

Y gwahaniaeth a ddaw o gael diagnosis yw bod rhywun yn gallu edrych 'nôl ar yr hogan fach honno a gweld plentyn awtistig. Ac mae'r misoedd ers derbyn y diagnosis wedi bod yn frith o adegau o deimlo – 'Aha'. Pan ddaw atgofion tyngedfennol i'r meddwl, dwi'n dallt o'r diwedd bod sefyllfa neu deimladau dwys fel oeddan nhw oherwydd 'mod i'n niwroamrywiol.

Ond, wrth gwrs, doeddwn i ddim yn gwybod hynny ar y pryd. Yn hytrach, dwi 'di byw pedwar degawd cyntaf fy mywyd fel person oedd yn ansicr, yn ddrwgdybus ohona i fy hun, yn cwestiynu ac yn methu dallt pam 'mod i'n teimlo mor wahanol. Yn llawn cywilydd am y camgymeriadau. Yn unig ac yn drist am fy mod i, yn fy hanfod, ddim yn teimlo'n rhan o bethau.

Rhan o'n llwybr bywyd ni i gyd ydi dysgu sut i oroesi heriau, a dyna ddigwyddodd. Dod â'r fflapio dwylo i ben. Ceisio dysgu, oddi wrth lyfrau a'r teledu, beth ydi'r rheolau cymdeithasol. Ac fel plentyn oedd yn eithaf hoff o berfformio, dwi'n cofio'n iawn y tro cyntaf i mi benderfynu chware rhan hollbwysig – y Catrin newydd oedd yn mynd i ffitio mewn. Catrin oedd yn llawer mwy hyderus, oedd ychydig yn wyllt, yn *quirky* – Catrin y gallwn i ei chwarae. Gwisgo'r masg am Catrin i gelu'r Catrin go iawn oedd rhywsut 'di torri.

Tra bod gwisgo masg yn gallu helpu rhywun mewn bywyd bob dydd, mae hefyd yn beth peryglus. Mae 'na bris i'w dalu o beidio â bod yn chi eich hun. Mae'n flinedig. Mae'n straen ac mae'r masg yn llithro weithiau. Yn torri weithiau. Ac eto, dim ond wrth edrych yn ôl alla i weld cyfnodau tywyllaf fy mywyd am yr hyn oeddan nhw – yr hyn maen nhw'n ei alw'n *autistic burnout*.

Efallai fod y pethau hyn yn rhan o'r rheswm ro'n i am gael asesiad. A chyn y diwrnod mawr, ro'n i'n meddwl y byddwn yn teimlo rhyddhad o gael diagnosis. Ond ar ôl blynyddoedd o bendroni – o fod yn fwyfwy sicr fy mod i'n awtistig po fwyaf o'n i'n darllen neu'n dod i ddallt y maes – pan ddaeth y diwrnod mawr ei hun, roedd fy ymateb emosiynol yn annisgwyl. Nid rhyddhad oedd y prif emosiwn, er i mi deimlo hwnnw hefyd, mae'n siŵr. Yn hytrach, y peth mwyaf deimlais i oedd rhyw wacter, sioc efallai, er nad oedd y diagnosis yn syndod.

Ond yn sicr, ochr yn ochr â'r gwacter, roedd galar. Nid bai, na drwgdeimlad, ond galar. Galar am yr hogan fach oedd 'di bod mor unig, un fyddai wedi gallu dilyn llwybr gwahanol petai'n byd ni'n fwy ymwybodol ac yn fwy goddefgar o bobl niwroamrywiol. Galar am yr holl gamgymeriadau, yr holl hunanfeirniadaeth, yr holl iselder. Galar am flynyddoedd coll; galar am berson oedd wedi treulio degawdau yn teimlo na allai hi fod yn hi ei hun.

Mae diagnosis yn cynnig cyfle i rywun ailddehongli'r gorffennol, ond mae hefyd yn cynnig cyfle i gychwyn ar bennod newydd. Pennod lle dwi'n rhoi galar naill ochr, yn maddau i mi fy hun am gamgymeriadau'r gorffennol ac yn edrych ar ddyfodol lle dwi'n ddigon hyderus i gydnabod pwy ydw i ac i weithredu newidiadau bychain. Ac yn fwy na hynny dwi'n gobeithio gallu dathlu, yn gyhoeddus, y rhinweddau positif sy'n gysylltiedig â niwroamrywiaeth achos dwi'n dallt rŵan fod llawer ohonyn nhw.

Efallai 'mod i'n siarad dau gan milltir yr awr, ond mae hynny oherwydd fod yr hen feddwl yma'n gweithio'n andros o gyflym – peth gwych pan mae angen datrys problemau, yn enwedig mewn creisis. Efallai 'mod i'n gallu bod yn styfnig ac yn gwrthod gwyro – ond os dach chi angen rhywun i gwffio eich cornel, chewch chi neb gwell. Yn hytrach na theimlo fel methiant oherwydd y *burnout* sy'n dod ar ddiwedd cyfnod o *hyperfocus* (h.y. gweithio dydd a nos), beth am ddathlu'r gallu i weithio mor arbennig o galed, i gyflawni llwyth gwaith aruthrol a chydnabod ei bod yn hollol iawn i gael brêc bob hyn a hyn? Ac ella fod fy niddordeb yn y 'rheolau' a fy ngallu i ymchwilio'n ddwys i faterion polisi (yn enwedig rhai arloesol sy'n tanio diddordeb brwd yr ADHD ynof) yn gallu bod yn eithaf diflas yn gymdeithasol – be 'di'r ots? Dwi'n gwybod fod gen i gwmpawd moesol cryf. Dwi'n gwybod fod gen i awch diflino i greu byd sy'n decach, yn fwy cyfartal ac yn fwy teyrngarol, a dwi wir yn credu mai fy niwroamrywiaeth sydd wedi rhoi'r egwyddorion cryf yna i mi.

Ar drothwy pennod nesaf fy mywyd, dwi'n gallu dweud – dyma Catrin: dwi'n *geeky*, yn *quirky*, yn *chaotic*, yn styfnig ac yn *bloody-minded* o ran fy egwyddorion. Ond mae Catrin hefyd yn garedig, yn egwyddorol, yn poeni am bobl eraill ac yn gweithio'n hynod, hynod o galed. O'r diwedd, dwi'n gallu dweud: mae Catrin, y Catrin go iawn, yn hollol iawn – a dwi'n edrych mlaen at fyw gweddill fy mywyd fel yr unigolyn oedd wedi cael ei chuddio yn llawer rhy hir.

'I dream my painting
and I paint my dream.'

Vincent van Gogh

Mae pawb yn mynd 'nôl weithie

I'r lle tywyll 'na llawn hunllefa
Rhyfedd bod triger
Yn hen ffycar
Sy'n mynd â ti 'nôl i ryw le cyfarwydd
Sydd erbyn hyn yn anghyfarwydd
Ac mae hynny'n beth da
Fod genna i'r gallu yna
I allu gwahaniaethu
Nid anwybyddu
Ond cydnabod
Bod hyn *ddim* yn od.
Dim dadansoddi
Dim datgymalu
Dim datgysylltu.

Heno fues i dros fy wal
Y tŵr o fur caethiwol
Oedd mor ddieflig
Sy rŵan yn llai lloerig
Er dal yn gwbl heriol
I fy ngallu synhwyrol

Ond roedd heno yn wahanol.

Ac mae hynny oherwydd

Fy mod i'n gyfarwydd

Efo hyn i gyd.

Dyma fy myd

A dwi'n gallu

Cyfadde

Fy mod i ella

O'r diwedd ar wella.

Alaw Gwyn

'Beth yn union sy'n eich rhwystro
rhag fy nghynnwys yn y sbri?
Dwi'n gwneud pethau yn wahanol
ond dwi'n dal yn un fel chi.'

'Un Fel Chi', Nath Trevett

Y cyfranwyr

Gruffudd Owen

Daw Gruff o Bwllheli ond mae bellach yn byw yng Nghaerdydd gyda'i wraig a'i feibion. Mae'n gweithio ar ei liwt ei hun fel bardd, sgriptiwr teledu a dramodydd. Mae ei fab hynaf gydag awtistiaeth ac anghenion dysgu dwys a chymhleth.

Mali Hâf

Merch o Gaerdydd drwyddi draw yw Mali, hyd yn oed ar ôl astudio cerddoriaeth yn Leeds am dros bedair blynedd. Ers dychwelyd i'r brifddinas mae hi wedi bod yn brysur yn cyfansoddi a pherfformio pop amgen ac, yn achlysurol, yn gweithio gyda chymorth ieuenctid yn cefnogi pobl ifanc ag anghenion neilltuol. Mae ei phrofiad personol o heriau iechyd meddwl a'i brwdfrydedd dros athroniaeth Fwdïaidd yn allweddol i'w gwaith gofal a chreadigol.

Elin Llwyd Morgan

Wedi'i geni yn Shir Gâr a'i magu yn Sir Fôn yn bennaf, treuliodd Elin gyfnodau'n byw yn Aberystwyth a Chaernarfon hefyd cyn setlo yn Nyffryn Ceiriog dros chwarter canrif yn ôl gyda'i chymar Peris. Ar ôl graddio mewn Ffrangeg a Sbaeneg, aeth i weithio fel gohebydd i bapurau'r *Herald* a thros y blynyddoedd bu'n cyfrannu erthyglau ac adolygiadau yn gyson i wahanol gyhoeddiadau, ynghyd â sefydlu'r cyfnodolyn *Tu Chwith* gyda Simon Brooks a Mihangel Morgan. Cyhoeddodd gyfrol o gerddi, *Duwieslebog*, dwy nofel, *Rhwng y Nefoedd a Las Vegas* ac *Mae Llygaid gan y Lleuad*, ac yn 2016 enillodd wobr Awdur Nodwedd y Flwyddyn Gwobrau Cyfryngau Cymru am ei cholofn boblogaidd yn *Barn* sydd wedi codi cryn ymwybyddiaeth am awtistiaeth yn sgil cyflwr ei fab Joel. Ei phrif ddiddordebau yw darllen, cerdded a theithio, yn ogystal â dablo mewn nofio gwyllt, beicio trydan a dysgu Swedeg ar Duolingo.

Nath Trevett

Mae Nath yn gerddor arobryn, yn gitarydd gwerin sydd wedi troi'n ganwr-gyfansoddwr. Mae e'n fwyaf adnabyddus am ei drefniant o'r gân werin 'Nyth y Gwcw' a'i gân wreiddiol, 'Un Fel Chi'. Mae Nath hefyd yn gyfieithydd ac yn gydlynydd allgymorth ac ers iddo ennill gwobr y Cerddor Gorau ym Mrwydr y Bandiau yn Eisteddfod Genedlaethol 2014, mae wedi cysegru ei fywyd i fod yn eiriolwr awtistiaeth. Mae wedi siarad yn gyhoeddus am awtistiaeth nifer o weithiau, yn ogystal ag ar y radio a'r teledu. Mae e'n byw yn Rhondda Cynon Taf.

Non Parry

Yn wreiddiol o Glwyd, mae Non erbyn hyn wedi ymgartrefu yn Aberteifi. Mae hi'n fam i dri, yn un rhan o dair o'r grŵp pop Eden, yn sgriptwraig, ac yn ddiweddar wedi derbyn MA mewn Arfer Seicotherapiwtig. Fe gyrhaeddodd ei hunangofiant, *Paid â Bod Ofn*, restr fer Llyfr y Flwyddyn yn 2022. Mae Non hefyd yn falch iawn o fod yn llysgennad i meddwl.org.

Tanwen Haf

Ganwyd Tanwen yn Nantlle, Gwynedd, ac wedi mynychu Ysgol Eifionydd, aeth i'r coleg a'r brifysgol yn ne Cymru. Fe ddechreuodd ei gyrfa yn y maes cyhoeddi ym Mryste ac ar ôl cyfnod byr yn Surrey, dychwelodd i Gymru i weithio fel dylunydd. Mae'n hapus ei byd wrth fod yn greadigol a bod yn yr awyr agored, yn garddio neu feicio. Mae'n methu diodde bod yn segur, ddim hyd yn oed ar ei gwyliau. Ond os oes rhaid iddi eistedd, mae'n mwynhau dysgu am bopeth, yn enwedig hanes a hel achau.

Vicky Powner

Mae Vicky yn ferch ei milltir sgwâr sydd wedi ei magu yn Sir Benfro ac erbyn hyn wedi ymgartrefu yn Arberth. Mae hi'n gyn-athrawes sydd â phrofiad eang o weithio gyda phlant a phobl ifanc yn y byd addysg, yn bennaf yn y maes iechyd a lles. Mae hi bellach yn Hyrwyddwr

Cyflogaeth Pobl Anabl sy'n ceisio codi ymwybyddiaeth o bwysigrwydd cyflogi pobl anabl a chael gweithleoedd hygyrch ac amrywiol.

Bronwen Lewis

Mae Bronwen yn gantores ac yn gyfansoddwr o Gwm Dulais yng Ngorllewin Morgannwg. Mae hi'n gigio ac yn ysgrifennu caneuon yn y Gymraeg a'r Saesneg ers ei bod yn 15 oed. Perfformiodd 'Fields of Gold' gan Sting yn ddwyieithog ar *The Voice* ar BBC 1 ac yn dilyn hynny cafodd ran yn *Pride*, ffilm a enillodd wobr BAFTA. Mae hi wedi bod ar daith gyda'r canwr Max Boyce. Newidiodd ei bywyd wrth wrando ar sgwrs radio yn y car yn 2022 a chychwyn taith a arweiniodd at ddiagnosis ADHD.

Caryl Parry Jones

Mae Caryl Parry Jones yn gyfansoddwr, cyflwynydd ac awdur. Daw yn wreiddiol o Ffynnongroyw yn Sir Fflint, ond mae bellach yn byw yn y Bontfaen ym Mro Morgannwg. Mae hi'n fam, yn llysfam ac yn nain falch iawn.

Alaw Gwyn

Cafodd Alaw ei magu ar fferm gwartheg a defaid yn Llanfair Talhaiarn. Hi ydi'r hynaf o bedair merch ac mae'n fodryb falch i Nansi Lloyd ac Ifan Dafydd. Aeth i Ysgol Talhaiarn, yna i Ysgol y Creuddyn ac ymlaen i Brifysgol Aberystwyth i astudio Theatr ac Addysg. Ar hyn o bryd mae'n gweithio ar fferm 1,000 o wartheg yn ardal Waotu, Seland Newydd. Cafodd ddiagnosis ADHD yn bymtheg oed. Mae'n fraint i Alaw gael cyfrannu at y gyfrol bwysig yma.

Efa Gwyn

Efa yw chwaer ieuengaf Alaw, ac yn wahanol i'w chwaer fawr aeth i Ysgol Bro Cernyw ac yna i Ysgol Dyffryn Conwy. Ar ôl ennill gradd fel nyrs iechyd meddwl ym Mhrifysgol John Moores Lerpwl, dechreuodd ar yrfa fel nyrs seiciatrig yn uned gofal brys Heddfan yn Ysbyty Maelor. Alaw wnaeth ysbrydoli Efa i ddilyn y llwybr gyrfaol hwn ar ôl sylwi ar ei natur ofalgar naturiol wrth iddyn nhw dyfu i fyny. Mae'r ddwy chwaer wedi profi gofalgarwch ac empathi eu mam, sy'n nyrs ragorol, trwy gydol eu bywydau.

Leian Roberts

Daw Leian o Benrhyndeudraeth lle mae'n byw gyda'i phartner a'u bechgyn, Twm ac Owi. Mae'n gweithio fel rheolwr gwelyau meddygol yn Ysbyty Gwynedd. Mae ganddi ei chlinig llesiant ei hun ac mae'n hi wedi cymhwyso fel ymarferydd hydrotherapi colonig.

Catrin Wager

Yn wreiddiol o Ddyffryn Nantlle, mae Catrin wedi byw yn Nyffryn Ogwen ers dros ugain mlynedd lle mae'n magu dau o blant. Roedd yn un o sylfaenwyr y mudiad Pobl i Bobl sydd yn cefnogi ffoaduriaid, ac mae wedi eistedd fel cynghorydd sir (dros Fangor Uchaf) ac fel aelod cabinet ar Gyngor Gwynedd. Bellach mae Catrin yn gweithio i gefnogi cymunedau i ymateb i'r argyfwng amgylcheddol a'r argyfwng costau byw drwy sefydlu llyfrgelloedd sy'n galluogi cymunedau i rannu eitemau ac offer.

Mwy am awtistiaeth ac ADHD
Argymhellion ein cyfranwyr

Llyfrau

Paid â Bod Ofn, Non Parry

Women and Girls with Autism Spectrum Disorder, Sarah Hendrick

Can't Not Won't: A Story About a Child Who Couldn't Go to School, Eliza Fricker

Unmasked: The Ultimate Guide to ADHD, Autism and Neurodivergence, Ellie Middleton

Raising Girls with ADHD: Secrets for Parenting Healthy, Happy Daughters, Mary Anne Richey

Understanding ADHD in Girls & Women, Ed. Joanne Steer

Can I Tell You About ADHD?, Susan Yarney

Uniquely Human: A Different Way of Seeing Autism, Barry M Prizant

Straight Up, Ruby Tui

Safleoedd gwe

www.autismwales.org

www.melo.cymru

www.adhdfoundation.org.uk

www.adhdkids.org.uk

www.adhdadult.uk

www.meddwl.org

www.mind.org.uk

www.gig.cymru

Facebook

Grŵp 'Merched Awtistig Cymraeg'

Grŵp 'ADHD Gogledd Cymru'

Instagram

@Awtistiaeth_yn_ty_ni

@ADHD_a_fi

@thejennieanderson

@theadhdoer

£9.99

£7.99

£7.99

£6.95

Holwch am bris argraffu!
www.ylolfa.com